영상 기획 · 촬영 · 편집을 손쉽게

스마트폰으로 시작하는 유튜브

김수영 지음

BM (주)도서출판 성안당

영상 기획 · 촬영 · 편집을 손쉽게

스마트폰으로 시작하는 유튜브

김수영 지음

BM (주)도서출판 성안당

머리말

스마트폰으로 촬영하고 편집하기, 정말 재미있습니다

"명장은 연장 탓을 하지 않는다"

촬영을 막 시작했을 때 선배들에게 들었던 얘기입니다. 생활 속에서도 자주 하는 말이 아닐까요? 제가 지켜본 바 명장은 진작에 좋은 연장을 마련해 쓰기 때문에 연장 탓을 할 필요가 없습니다. 하지만 선배들의 얘기는 촬영하는 데 좋은 카메라, 좋은 장비가 전부는 아니라는 얘기였겠지요. 좋은 영상을 만드는 데에는 잘 관찰하고 포착하는 감각, 이야기를 구성하는 능력과 표현력 이런 것들이 더 중요하다고요. 저도 동의합니다. 하지만 요즘 스마트폰의 카메라 성능을 보면 이제는 연장 탓하기 어렵다는 생각이 듭니다. SNS만 봐도 카메라 못지않게 근사하게 찍은 사진이 수두룩합니다. 이미 많은 사람들이 스마트폰으로 영상을 제작해 유튜브를 하고 있고요. 누구나 명장이 될 필요는 없지만, 이미 우리가 좋은 연장을 지니고 있다는 것은 사실입니다.

영상을 찍고 편집해보고 싶다면, 이제부터 시작하면 됩니다. 물론, 말처럼 쉬운 일은 아닙니다. 몸을 움직여 촬영을 시작할 계기나 편집 프로그램을 다룰 구체적인 방법이 필요합니다. 이 책이 당신에게 그런 계기와 방법이 되길 바라는 마음으로 만들었습니다. 영상 촬영이나 편집을 배울 수 있는 곳은 많고, 기술은 정말 몇 시간이면 금방 배울 수 있습니다. 책 한 권으로도 가능합니다. 저 역시 하루 만에 영상을 촬영하고 편집하는 강의를 계속해왔습니다. 그런데도 이렇게 책을 통해 말을 보태게 된 까닭은, 단 몇 시간만으로 단 몇 권의 책만으로 충분하지 않은 이야기가 있기 때문입니다. '단순히 수평과 수직을 맞춰서 찍으세요', '삼등분할 구도에 맞춰 찍어보세요'라는 방법적인 이야기를 넘어 왜 안정적인 영상이 필요한지, 왜 영상을 길게 찍어야 하는지, 좋은 영상이란 무엇인지, 좋은 영상을 넘어 나만의 개성 있는 영상은 어떻게 만들면 좋을지 등 함께 고민할 수 있는 촬영, 편집 책을 만들고 싶었습니다.

좋은 영상을 만들기 위한 기본기를 꼭 숙지하세요

좋은 영상을 만들기 위해서는 기본을 잘 숙지하고 있어야 합니다. 자유롭게 촬영하는 것이 영상을 아무렇게나 찍는다는 의미는 아닐 테니까요. 하지만 그저 법칙처럼 기본을 익힐 게 아니라, 기본이 왜 기본이 되는지, 수직과 수평, 여백의 공간이 화면에서 어떤 역할을 하는지 충분히 이해하고 나면, 촬영과 편집을 자유자재로 시도해볼 수 있습니다. 게다가 우리의 놀이터는 유튜브니까요. 이 책을 바탕으로 다양한 촬영과 편집을 연습해 보고, 유튜브에서 마음에 드는 영상을 따라 찍고 비슷하게 편집해보세요. 그 과정에서 나에게 보기 좋은 것, 나에게 재미있는 것, 나에게 멋진 것을 찾아 자기만의 스타일을 찾아가면 좋겠습니다.

"스마트폰으로 촬영하고 편집해서 유튜브를 운영해보세요!"라고 권하는 까닭은 초연결과 디지털 기술이 발달한 4차 산업혁명 시대라는 거창한 이유 때문이 아닙니다. "남들도 다 하니까 여러분도 해보세요."라고 떠미는 것도 아니고요. 그저 이게 정말 재미있는 일이라 권하는 것입니다. 아무리 서툴러도 내가 만든 영상만큼 재미있는 영상도 없습니다. 흘러간 시간을 영상 속에 얼려두고 생각날 때마다 꺼내 보는 재미도 쏠쏠하고요. 하지만 그저 촬영해둔 영상만으로는 안 됩니다. 촬영한 영상을 굳이 스마트폰 갤러리에서 일일이 찾아보지는 않잖아요. 영상 제작은 촬영한 영상을 편집까지 마쳤을 때 비로소 완성됩니다. 그래야 두고두고 생각나고 볼 때마다 재미있는 영상이 됩니다.

영상은 콘텐츠를 직접 만드는 일!

전에는 이 과정이 대단히 번거로운 일이었습니다. 영상을 컴퓨터에 옮기고, 편집 프로그램을 내려받는 등 해야 할 일이 많았지만, 지금은 '제작'이라는 활동이 손가락 몇 번 움직이는 것만으로도 가능합니다. 즉, 영상을 찍고 만드는 일은 콘텐츠를 하나 완성했다고 볼 수 있습니다. 그러니 언젠가 한 번 꼭 배워보고 싶다고 생각만 해왔다면, 이 책으로 촬영부터 편집까지 영상 제작의 전 과정을 차근차근 익혀보시길 바랍니다. 이 책으로 시작한 유튜브가 잘 운영되어 부와 명성까지 얻기를 바랍니다. 다만, 무엇보다 영상 제작이 이 책을 읽는 독자분들 일상의 즐거운 취미나 재미있는 놀이가 되면 참 좋겠습니다. 이게 재미있거든요!

미리보기

스마트폰으로 촬영과 편집, 유튜브 라이브까지

스마트폰만 있으면 누구나 나만의 유튜브 채널을 운영할 수 있다. 내가 보여주고 싶은 것을 재미있게 전달할 수 있도록 콘텐츠를 기획하고, 좋은 영상을 촬영하자. 스마트폰 하나로 쉽게 편집해서 올려보자.

1 콘텐츠 기획하기

PART 02 유튜브 영상 제작, 이렇게 시작해보자

내가 좋아하는 영상을 보면서 왜 좋은지, 인기 있는 영상은 왜 사람들이 좋아하는지 그 비결을 찾아보자. 유튜브 속 다양한 카테고리를 살펴보며 내가 좋아하고 오래 이야기할 수 있는 아이템을 발견해보고, 내 영상에 접목할 수 있는 요소는 무엇일지 생각한다.

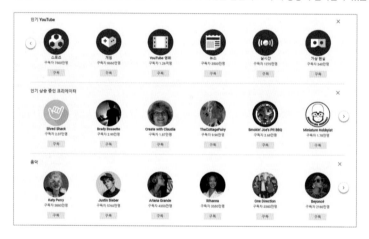

2 구글(유튜브) 계정 만들기

PART 05 03 내 유튜브 채널을 만들자

google.com에 가입하면 구글이 제공하는 다양한 서비스를 이용할 수 있다. G메일, 구글 드라이브(클라우드 기반 파일 저장 서비스)를 비롯해 유튜브 계정도 구글 사이트를 통해 만든다.

③ 스마트폰으로 영상 찍기

PART 03 유튜브 영상 촬영은 이렇게

스마트폰의 장점을 활용해 좋은 영상을 촬영할 수 있는 방법을 알아본다. 짐벌, 삼각대 등의 촬영장비를 활용하면 일반 카메라 못지않게 안정적인 영상 촬영을 할 수 있다.

④ 영상 편집하기

PART 04 스마트폰 앱으로 쉽게 영상 편집하기

스마트폰 앱(키네마스터)을 활용하여 영상을 편집하는 법을 알아본다. 편집의 기본을 익히고, 다양한 효과와 자막을 넣어 눈을 사로잡는 콘텐츠를 만들어볼 수 있다.

⑤ 유튜브 업로드하기

PART 05 내 영상의 가치를 올리는 실속 팁

내가 만든 콘텐츠를 유튜브에 올려보자. 업로드하기 전에 주의(저작권)해야 할 내용을 살펴본다. 예약 기능, 최종화면 등 유튜브에서 크리에이터에게 제공하는 다양한 기능도 활용해보자. 구독자 수가 늘었다면 스마트폰으로 실시간 방송도 도전하자.

content

content

PART 04

스마트폰 앱으로 영상 편집하기

PART
05

내 영상의 가치를 올리는 실속 팁

PART 01

유튜브,
스마트폰 하나로

스마트폰은 매년 더 나은 성능으로 새로 출시되고 있다. 전후방으로 서너 개의 렌즈를 달고 출시된 최근의 스마트폰은 무엇보다 카메라 기능이 한층 강화됐다. 초광각 및 망원 렌즈로 인한 다양한 화각, 야간 모드 개선 등으로 간단한 스냅사진이라면 이제 스마트폰도 디지털 카메라 못지않은 성능을 발휘한다. 여러 개의 렌즈로 아웃포커싱 및 타임랩스 기능을 탑재해 이전에는 카메라로만 가능했던 다양한 기능을 스마트폰으로도 구현할 수 있다. 카메라 성능은 계속 나아지고 있고, 편집 앱은 더욱 간편해지고 있다. 이제는 스마트폰 카메라로 누구나 손쉽게 유튜브 영상 제작자가 될 수 있다.

성능 좋은 카메라가 집에 있다 한들 매일 주머니에 넣고 다니는 스마트폰 카메라의 휴대성을 따라잡지 못한다. 결국, 꺼내서 찍지 않으면 아무리 좋은 카메라도 무용지물이다.

▲ 스마트폰만 있으면 언제 어디서든 손쉽게 유튜브 영상을 촬영하고 편집할 수 있다. 책상 위에 삼각대를 놓고 촬영한 후(좌) 스마트폰 앱으로 편집해(우) 영상을 완성했다.

아침에 일어나서 잠들 때까지 스마트폰처럼 내 몸에 항상 지니고 다니는 물건이 얼마나 있을까? 스마트폰 카메라의 장점은 휴대성이다. 스마트폰 카메라는 언제나 당신과 가장 가까운 곳에 있다. 이게 이 카메라의 가장 매력적인 점이다.

한 손으로도 쉽게 쥘 수 있을 만큼 작은 카메라이기 때문에 필요한 곳에 올려놓거나 바닥 가까이 낮게 내려놓을 수 있다. 삼각대에 쉽게 거치할 수 있고 주변 지형지물을 활용해 기대어 세워놓을 수도 있다. 공간에 구애받지 않고 다양한 화각을 만들어낼 수 있다.

작은 보디임에도 불구하고 FHD 영상은 물론 4K, 8K 영상까지 촬영할 수 있고, 줌기능을 비롯해 슬로우, 패스트모션과 타임랩스를 버튼 하나로 촬영할 수 있다. 또한 손 떨림 보완 기능이 강화되어 크게 움직이지 않는다면 손으로 들고 찍어도 안정감 있는 영상을 확보할 수 있다.

　듀얼 카메라를 지원하는 스마트폰에서는 심도 조절도 자유자재로 할 수 있다. 원하는 대상에 한껏 다가가 대상을 선명하게 찍을 수도 있고, 드넓은 풍경을 초광각 카메라로 충분히 담아낼 수 있다. 아웃포커싱도 버튼 하나로 가능하고, 수동 모드로 영상의 세부적인 설정을 변경할 수 있다.

　스마트폰은 작은 삼각대부터 짐벌, 마이크 등 다양한 도구를 활용해 손쉽게 원하는 장면을 연출할 수 있다. 이렇게 촬영한 영상을 스마트폰의 앱을 통해 바로 편집할 수 있고, 공유가 쉽다. 이 정도면 영상을 제작하기 꽤 괜찮은 카메라 아닐까. 이렇게 스마트폰 카메라의 다양한 기능을 적재적소에 활용해 나만의 유튜브 영상을 제작해보자.

▲ 빨래방에서 영상을 촬영했다. 빨래를 넣는 장면을 촬영하는 방법도 있지만 스마트폰을 활용해 다른 방식의 접근을 해보았다. 세탁기에 스마트폰을 잠깐 넣고 빨래를 꺼내는 듯한 시점으로 장면을 담았다. 항상 들고 다니는 스마트폰이기에 언제 어디서나 영상을 담을 수 있다.

▲ 왼쪽이 갤럭시 S22 울트라, 오른쪽은 아이폰13 프로맥스

	갤럭시 S22 울트라 (2022년 출시)	아이폰 13 프로맥스 (2022년 출시) *알파인 그린 컬러 출시 기준
전면 카메라	4,000만 (f2.2)	1,200만 f2.0
후면카메라	1억800만 광각 (f1.8)	1,200만 f1.5 광각
	1200만 초광각 (f2.2)	1,200만 f1.8 초광각
	1,000만 망원 (3배줌, f2.4)	1,200만 f2.8 망원
	1,000만 망원 (10배줌, f4.9)	–
특징	후면 UHD 8K 24fps 촬영 가능. 전후면 동시 촬영 가능한 디렉터스 뷰 기능. 넓어진 OIS와 정교해진 모션 샘플링으로 흔들림 최소화. 3배에서 30배 스페이스 줌, 자동으로 구도를 조절해주는 자동 프레이밍 기능 및 야간에 저조도 촬영을 돕는 나이트그래피 기능 탑재	얕은 피사계 심도 효과로 동영상을 촬영하는 시네마틱 모드 제공, Dolby vision 방식으로 4K HDR 동영상 촬영 및 ProRes 동영상 촬영 가능, 센서 시프트 OIS(광학식 손떨림 보정) 및 저조도 환경에서 품질 개선하는 라이다 센서 탑재, 2cm 피사체에도 초점 맞출 수 있는 접사 촬영 가능

최근 출시된 스마트폰의 카메라는 전면, 후면 모두 1,000만 화소 이상을 자랑한다. 유튜브나 일반 TV의 상용 해사동인 1080 FHD급 동영상 촬영은 물론 4K, 8K 촬영까지 지원한다. 강력한 손 떨림 보정 기능, 슬로우/패스트 모션 기능, 타임랩스와 하이퍼랩스 촬영을 지원한다.

여러 개 장착된 렌즈로 심도를 조정해 디지털카메라의 전유물이었던 아웃포커스 기능뿐만 아니라, 오디오 성능도 한층 높여 ASMR 기능까지 제공한다. 스마트폰마다 촬영한 동영상을 간편하게 편집할 수 있는 자체 애플리케이션도 제공한다.

'실제 영화 촬영용 카메라' 못지않은 스펙을 자랑하는 스마트폰은 유튜브 크리에이터를 위한 최상의 도구로 거듭나고 있다.

TIP | 최고의 스마트폰 카메라는?

프랑스 카메라 평가기관인 디엑스오마크(DxoMark)는 스마트폰과 디지털카메라의 광학 기기 성능을 분석, 비교, 평가해 순위를 매기는 사이트다. 평가는 1,500장 이상의 사진과 2시간 이상의 동영상 테스트를 통해 진행되고, 카메라의 노출, 색상, 자동초점, 질감, 흔들림 보정 등 세부적으로 항목을 나눠 평가된다. 새로 출시된 스마트폰 카메라의 리뷰도 확인할 수 있다. 이 사이트를 방문해 내가 가진 스마트폰의 스펙이 어떤 평가를 받았는지 살펴본다.

https://www.dxomark.com/

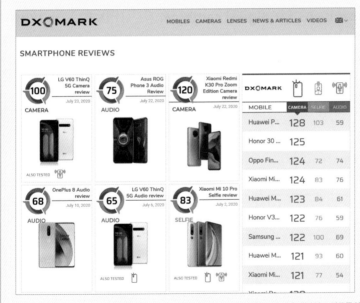

▲ 디엑스오마크 홈페이지. 왼쪽에는 스마트폰 카메라 리뷰를, 오른쪽에는 점수가 매겨진 스마트폰의 순위 리스트를 볼 수 있다.

스마트폰 카메라의 화소가 아무리 좋다고 해도 디지털카메라와 스마트폰 카메라를 스펙만으로 비교할 수는 없다. 화소 수가 같다고 해도 사진이나 영상의 결과물이 똑같이 나오지 않는다. 그 이유는 카메라 내부의 이미지 센서 크기와 이미지 처리 방식이 다르기 때문이다.

디지털카메라는 내부 센서를 통해 빛을 정보로 변환하여 이미지를 만든다. 센서가 크면 클수록 밝고 화질 좋은 결과물을 얻을 수 있다. 아무리 해상도가 높아도 카메라 센서 크기가 다르면 화질이 차이날 수밖에 없다.

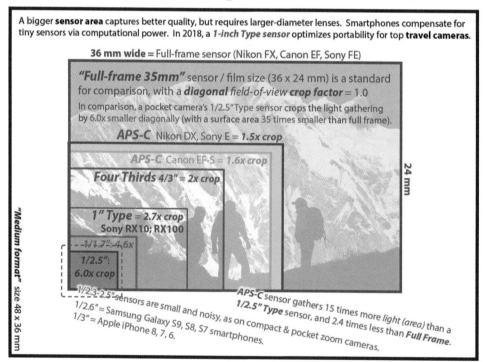

▲ 디지털카메라의 센서를 비교해놓은 그림이다. 아이폰11의 센서 크기가 1/2.55인치 타입, 갤럭시20의 센서 크기는 1/1.17인치 타입, 갤럭시S20 울트라가 1/1.33인치 타입이다. (출처 www.photoseek.com)

작은 스마트폰 카메라는 빛을 정보로 처리하는 이미지 센서가 작아서 어두운 곳에서 촬영하면 입자가 거칠어지고 정교함이 살아나지 않는다. 최근에 출시된 스마트폰은 야간촬영을 지원하는 기능으로 밤에도 자유자재로 촬영할 수 있다고 광고한다.

하지만 야간 모드는 빛을 모으기 위해 셔터 스피드가 자동으로 길게 조정되거나, 연속 촬영해 합성되는 기능은 사진을 촬영할 때나 해당한다. 같은 원리로 동영상을 촬영하면 잔상이 생기거나 노이즈가 발생한다. 손 떨림 보정 기능(OIS)이 있지만, 움직이면서 촬영하면 가벼운 스마트폰 카메라는 흔들릴 수밖에 없다.

그러므로 스마트폰 카메라를 잘 활용하기 위해서는 장점을 살리고, 단점을 보완하면 된다.

- 광량이 많은 밝은 장소에서 촬영한다.
- 안정적인 영상을 얻기 위해 최대한 움직이지 않고 카메라를 고정해서 촬영한다.
- 작고 휴대하기 쉬운 장점을 살려 다양한 화각을 만든다.
- 스마트폰 보조 도구를 활용해 무궁무진한 촬영 아이디어를 실현한다.

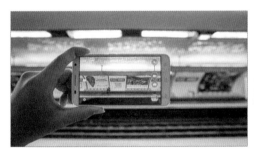

▲ 언제 어디서든 손쉽게 꺼낼 수 있는 스마트폰의 장점을 살려서 영상을 촬영한다.

04 스마트폰 카메라, 상상하고 더 상상하라!

스마트폰 카메라가 과연 실제 카메라를 대체할 수 있을까? 스마트폰 카메라의 성능이 좋아질수록 많은 사람이 궁금해했다. 2011년 최초의 스마트폰 장편 영화가 등장했고, 스마트폰으로 촬영한 상업 영화가 극장에서 상영되기도 했다. 2020년의 스마트폰은 많은 사람에게 다양한 캠페인을 통해 영화 같은 멋진 영상을 촬영해보라고 권한다.

❶ 샷 온 아이폰

아이폰은 2014년부터 '샷 온 아이폰(Shot on iPhone)' 캠페인을 통해 스마트폰으로 찍은 사진과 영상이 충분히 카메라를 대체할 수 있다고 홍보해왔다. 2017년에는 아이폰 사용자들이 촬영한 사진으로 전 세계 옥외 광고를 게재했다.

▲ 아이폰 11로 촬영한 레이디 가가의 뮤직비디오(좌), 아이폰 12로 촬영한 단편영화

2019년 출시된 아이폰 11로 레이디 가가와 셀레나 고메즈의 뮤직비디오를 촬영하고, 러시아 국립미술관을 5시간 20분 동안 담아낸 영상을 공개했다. 2020년에는 영화 〈그레비타〉, 〈버드맨〉, 〈레버넌트〉로 아카데미 촬영상을 수상한 엠마누엘 루베즈키가 '샷은 아이폰 12' 캠페인에 참여했다. 아이폰으로 촬영한 놀라운 영상들은 애플 공식 유튜브 채널에서 확인해볼 수 있다.

▲ 애플의 유튜브 페이지(https://www.youtube.com/user/Apple)

❷ 갤럭시 콘텐츠 페스타

▲ '갤럭시 콘텐츠 페스타' 홈페이지를 통해 갤럭시의 스마트폰으로 촬영한 사진과 영상 우수작을 살펴볼 수 있다.

    갤럭시는 노트10이 출시됐을 때 스마트폰 영화제인 '갤럭시 필름 페스타'를 개최했다. 갤럭시 스마트폰으로 제작하고 싶은 영화의 결정적 2분을 촬영해 응모하면, 최종 3편을 선정해 제작비를 지원하는 공모전이다. 해당 스마트폰이 없는 지원자에게 스마트폰을 대여해주는 프로그램까지 운영해, 공모와 동시에 노트10을 더 많은 사람에게 체험할 수 있게 했다.

    이후 갤럭시 스마트폰이 새로 출시될 때마다 '갤럭시 콘텐츠 페스타'라는 이름으로 새 스마트폰 기능을 활용한 사진, 영상 콘텐츠 공모전을 열었다. 꼭 동일한 기종의 스마트폰이 아니더라도 이러한 스마트폰 공모전이나 스마트폰 기능을 홍보하는 영상을 잘 살펴보자. 스마트폰으로 영상을 제작할 때 어떤 기능을 어떻게 활용할 수 있는지 힌트를 얻을 수 있다.

▲ 유튜브에서 '갤럭시 콘텐츠 페스타' 혹은 '갤럭시 필름 페스타'를 검색하면 수상작이나 제작 과정이 담긴 영상을 찾아볼 수 있다.

▲ 삼성전자는 갤럭시S20와 노트20으로 촬영해 국내 최초 8k 단편영화 〈언택트〉를 제작했다. 김지운 감독이 연출하고, 배우 김고은, 배우 김주헌이 출연했다. 삼성전자 유튜브에서 볼 수 있다.

05 유튜브 영상 들여다보기

이제 유튜브 영상을 살펴보자. 사람들이 좋아하는 콘텐츠를 만드는 유튜버들이 어떤 영상을 어떻게 촬영하고 있을까? 아이템과 촬영 방식을 엿보며, 스마트폰을 활용해 유튜브 영상에 접목할 만한 아이디어를 찾아보자.

❶ 지금 가장 핫한 유튜버는 누구?

분야별로 유튜버들의 구독자 순위를 실시간으로 볼 수 있는 사이트가 있다. 녹스인플루언서(https://kr.noxinfluencer.com)에서는 인기 유튜브의 순위, 실시간 구독자, 예측 채널 수입까지 한눈에 볼 수 있다. 인플루언서라는 사이트 이름답게 유튜브뿐 아니라 인스타그램, 틱톡 팔로워 순위까지 살펴볼 수 있다. 지금 가장 핫한 사람이 궁금하다면, 이곳을 방문해보자.

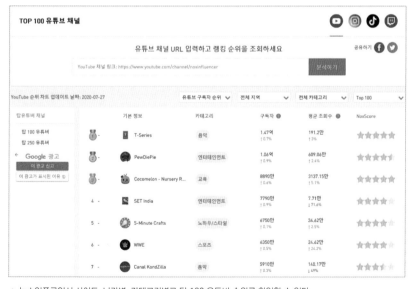

▲ 녹스인플루언서 사이트. 나라별, 카테고리별로 탑 100 유튜버 순위를 확인할 수 있다.

❷ 유튜브 카테고리

유튜브에 영상을 올릴 때 세부정보 항목에서 '옵션 더보기'를 클릭하면, 내 영상의 카테고리를 지정할 수 있다. 이렇게 카테고리를 지정해두면, 알고리즘에 의해 관련 카테고리 영상을 즐기는 사용자에게 내 영상이 추천된다. 이렇게 카테고리로 영상이 분류되어 입력되기 때문에 유튜브를 시작할 때 가능하다면 한 가지 주제를 정해 관련 영상을 꾸준히 쌓아두는 것이 좋다.

▲ 유튜브에 올릴 때 '세부정보 〉 옵션' 창에서 카테고리를 지정할 수 있다.

이 중에 가장 쉽게 접근해 볼 수 있는 카테고리는 일상을 기록해 브이로그를 올릴 수 있는 인물/블로그 카테고리다. 여행 영상을 제작해 '여행/이벤트' 카테고리에 올릴 수도 있다. 또 어떤 제품에 관해 할 얘기가 많다면 리뷰 영상을 제작해보는 게 어떨까?

영화나 자동차, 게임 리뷰는 각 카테고리를, 전자기기 리뷰라면 '과학 기술' 카테고리를 선택하면 된다. 화장(品)이나 인테리어, 다이어트에 관해 할 말이 많다면 '노하우/스타일' 카테고리에, 교육적인 콘텐츠라면 '교육', 웃긴 영상을 만들었다면 '코미디' 카테고리를 선택하면 된다.

브이로그, 먹방 콘텐츠

인물/블로그 카테고리에는 ASMR, 먹방, 브이로그 콘텐츠가 인기다. 특히 ASMR과 먹방이 압도적으로 강세다. 브이로그는 일상적인 하루를 담는 영상이 대부분이지만, 개성 있는 라이프스타일을 통해 구독자의 로망을 자극하거나 자기계발 욕구를 일으키는 영상이 인기가 있다.

◀ 161만 명 구독자를 보유한 '해그린달'은 일상적인 풍경을 다양한 컷과 특유의 색감으로 표현한 힐링 브이로그다.

◀ 3개월 만에 18만 명의 구독자를 모은 '오느른'은 4,500만 원짜리 폐가를 사서 시작한 시골 생활을 정겨운 영상으로 담아낸 브이로그다.

인물/블로그 카테고리는 크게 두 가지 유형으로 나눌 수 있다. 얼굴을 공개하고 분명한 자신의 캐릭터를 만들어 ASMR 방송을 하거나 먹고 생활하는 모습을 보여주는 유형과, 얼굴은 보이지 않은 채 자신의 행동 위주로 일상을 보여주는 유형이다. 어떤 형식이라도 스마트폰으로 촬영할 수 있다. 스마트폰을 고정해두고 촬영할 때는 삼각대를 활용하고, 움직이면서 생생한 일상을 담을 때는 짐벌 등의 장비를 사용하면 보기 좋게 먹방이나 브이로그 콘텐츠를 제작할 수 있다.

❸ 리뷰 콘텐츠

리뷰 영상을 제작하기 위해서 우선 배경이 잘 갖춰진 나만의 공간을 확보하자. 보통 한 사람이 등장해 제품을 설명하기 때문에, 영상 속에서 계속 비치는 공간의 배경이나 색깔이 영상의 분위기를 만든다. 말하는 사람과 소개하는 제품에 집중할 수 있는 배경을 찾아본다.

▲ 140만 구독자를 보유한 '잇섭'(위)과 22만 구독자를 보유한 '주연'(아래)은 컴퓨터, 스마트폰, 관련 소품 등 전자기기를 리뷰하는 유튜버다.

리뷰 콘텐츠 영상은 이동이 거의 없으므로 촬영은 어렵지 않다. 삼각대에 스마트폰을 거치한 후 삼각대의 높이를 어깨나 턱 위치 정도에 맞추자. 작은 삼각대라면 책상 위에 올려놔도 좋다. 음성이 깔끔하게 녹음될 수 있도록 마이크를 사용해보자. 제품을 리뷰하는 사이사이에 제품을 근사하게 촬영한 컷을 삽입한다. 스마트폰으로 편집까지 할 생각이라면 영상의 길이는 10분을 넘기지 않도록 한다.

❹ 여행 콘텐츠

여행 유튜브의 매력은 대리만족이다. 내가 여행을 경험하면서 겪는 일들을 브이로그처럼 보여주기도 하고, 여행지의 매력적인 풍경과 이벤트를 생생하게 담아내면 된다. 여행에서 음식이 빠질 수 없으므로 많은 여행 유튜브 영상에서 음식 이미지나 먹방을 많이 다룬다.

▲ '여락이들_'은 57만 명의 구독자를 보유 중이다.

▲ 18만 명의 구독자를 보유한 유튜버 '캠핑 한끼'는 혼자 캠핑이라는주제에 요리를 접목하여 캠핑과 요리를 동시에 즐길 수 있는 영상을 만든다.

삼각대를 세워두고 풍경을 한 컷 한 컷 공들여 찍어 힐링 콘텐츠를 만들어보자. 짐 벌을 들고 다니며 인물을 등장시키고 생생한 여행 현장을 담아내는 방식으로도 제작 할 수 있다. 성능 좋은 카메라로 찍은 영상보다는 못하겠지만, 여행 콘텐츠의 매력인 '대리만족'이라는 목적은 스마트폰으로도 충분히 달성할 수 있다.

❺ 무엇을 찍고 싶은지 정하기만 하면 된다

여행, 요리, 리뷰 등 위에서 언급한 카테고리 외에도 유튜브의 주제는 무궁무진하다. 친구와 만나 수다를 떤 일, 내가 하루에 느끼고 생각한 것, 종일 공부하거나 일하면서 보낸 일상도 유튜브의 소재가 될 수 있다.

▲ 나의 하루, 주말, 휴가 등 나의 일상에서 영상으로 기록하고 싶은 것들을 발견해보자.

더 좋은 카메라와 장비가 있다면 더 좋은 결과물을 만들어 내겠지만, 이제 막 유튜 브나 영상 제작을 시작하려는 우리에게는 가장 자주, 가장 쉽게 꺼내 찍을 수 있는 스 마트폰 카메라가 제일 좋은 장비라고 할 수 있다. 이제부터 내 손에 가장 가까이 놓인 스마트폰 카메라를 쉽고 즐겁게 활용할 수 있는 방법을 익혀보자.

잘 찍기보다 자주 찍어보자. 우리의 목표는 스마트폰 카메라 기능을 효과적으로 활 용해서 영상을 쉽게 찍고, 간편하게 편집하는 것이다. 지금 우리에게 필요한 건 더 좋 은 스마트폰이 아니다. 당신은 이제 무엇을 찍고 싶은지 정하기만 하면 된다.

유튜브 영상 제작,
시작하기

지금 당장 스마트폰을 꺼내 무엇이든 찍고 어떻게든 만들 수 있지만, 그 전에 무엇을 이야기할지 정해야 한다. 하고 싶은 이야기가 없다면 어떻게 시작해야 할지 막막해질 수밖에 없다. 이야기의 소재와 주제를 정하고, 어떻게 영상으로 충분히 전달할 수 있을지 고민한다. 거창한 메시지가 아니어도 괜찮다. 좋은 풍경, 먹음직스러운 음식을 공유하

거나, 반려견과 보내는 시간이나 나의 하루를 기록하는 것도 좋다. 어떤 이야기를 하고 싶은지 결정하면, 그 이야기를 전달하기 위해 어떤 장면이 필요한지 떠올릴 수 있다.

01 제작의 첫 단추는 기획

　무엇을 찍을지 계획하고 어떻게 찍을지 고민하는 과정을 기획이라고 한다. 영상을 처음 제작해보는 초보뿐만 아니라, 전문가에게도 기획 단계는 중요하다. 잘 촬영하고 근사하게 편집한 영상이라도 공감할 수 없는 내용이거나 재미가 없다면 외면받기 십상이다. 반대로, 촬영도 편집도 서툴지만 내용이 재미있다면 사람들은 끝까지 보고 다시 찾는다. 기획은 때때로 촬영·편집 이상으로 강력한 힘을 갖는다.
　'어떤' 이야기를 '어떻게' 전달해야 더 흥미로울까?

기획을 할 때는 다음의 다섯 가지를 생각한다.
① 내가 가장 잘할 수 있는 것과 좋아하는 것을 구분한다.
② 사람들이 궁금할 만한 정보를 더한다.
③ 대리만족하거나 공감할 수 있는 주제로 정한다.
④ 지속 가능한 업로드 주기를 설정한다.
⑤ 기획은 언제든지 수정할 수 있다.

❶ 내가 가장 잘할 수 있는 것과 좋아하는 것을 구분한다

　내가 좋아하는 것과 잘할 수 있는 것이 무엇인지 세부적으로 적어보자. 이야기하는 것을 좋아하는 것과 카메라 앞에서 말을 잘하는 것은 다르다. 이야기하는 것을 좋아한다면 대본을 준비하면 되고, 말을 잘한다면 카메라 앞에서 자연스럽게 말하는 방법을 훈련하면 된다. 좋아하고 잘하는 것이 구체적으로 정리되면 내 유튜브 콘텐츠의 나아갈 방향이 정해진다.
　얼굴이 공개되는 것이 불편하지 않고, 나의 일상 속에서 재미있는 경험을 담아낼 수 있다면 에피소드 형식의 브이로그를 만들 수 있다. 말하거나 카메라 앞에 나서는 건 좋아하지 않지만, 일상에서 인상적인 풍경이나 순간을 캐치하는 센스가 있다면 나의 일상의 풍경들을 이어 붙여 이야기할 수 있다.

유튜버가 되기로 마음먹었다면 한두 번 영상을 만들고 그칠 게 아니기 때문에 열 번, 스무 번 정도는 너끈히 이어갈 수 있는 이야기를 찾아보자. 음식, 여행, 영화, 책, 반려동물, 재테크 등 내가 좋아하는 주제를 정해야 지치지 않고 계속해서 영상을 만들어나갈 수 있다.

▲ 43만 구독자를 보유한 드로잉 유튜버 '이연'. 그림을 그리는 방법부터 그림 도구 소개, 슬럼프, 직장 일 등 그림과 더불어 20~30대가 쉽게 공감할 수 있는 이야기를 풀어낸다. 책상에 카메라를 고정해서 찍는 방식으로 손과 그림만 나오지만, 명확한 주제로 충분히 하고 싶은 이야기를 전달해낸다.

▲ 216만 구독자를 보유한 유튜버 '꿀키'. 쉬운 한국요리부터 예쁜 디저트, 영화 속 요리까지 보고만 있어도 대리만족되는 요리 영상을 제작하고 있다.

❷ 사람들이 궁금해할 만한 정보를 더한다

앞에서 제작자인 나에 관해 충분히 생각해보았다면, 이번엔 내 영상을 볼 시청자들을 떠올려보자. 인터넷에 올려 공유할 영상이므로 시청자들이 관심을 둘 만한 소재를 내 이야기에 더해보자. 사람들이 '늘 관심 있어 하는 이야기'가 있고, '한때 관심을 두는 이야기'가 있다. 늘 관심 있어 하는 이야기는 요리, 뷰티, 상식 등의 주제이다. 한때 관심을 두는 이야기는 이번 주에 실시간 검색어에서 다뤄지고 있는 이슈 등이다. 내가 만들고 싶은 영상의 형식이 브이로그든 리뷰 영상이든 때로는 사람들이 관심을 두는 이슈와 어떻게 접목할 수 있을지 고민한다.

TIP | 시청자가 '늘 관심 있어 하는 정보' 분야를 자기만의 콘셉트로 이야기하는 유튜버들

▲ 쉽게 구할 수 있는 재료로 누구나 따라 할 수 있을 만한 맛있는 요리를 소개하는 유튜버 '하루한끼'. 3분 정도의 짧은 요리 영상으로 358만 명의 구독자를 보유하고 있다.

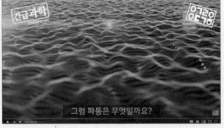

▲ 블랙홀, 양자역학, 빅뱅 이론 등 한 번쯤 들어봤지만 알기 어려운 과학 이야기나 일식, 혜성, 자율주행 등 논쟁거리가 되는 과학 지식을 전달해주는 유튜버 '안 될 과학'. 27.7만 명의 구독자를 보유하고 있다.

TIP | '지금 관심이 뜨거운' 이슈를 찾아보자

- **구글트렌드**(https://trends.google.co.kr)

▲ 전 세계 검색어 동향, 일별/실시간 인기 급상승 검색어를 확인할 수 있다. 나라별로 선택해서 다른 나라의
실시간 이슈도 쉽게 찾아볼 수 있다는 것이 특징이다.

- **네이버 데이터랩**(https://datalab.naver.com)

▲ 급상승 검색어와 분야별 인기 검색어를 쉽게 찾아볼 수 있다. 스포츠/레저 분야 인기 검색어를 월간으
로 설정해보면 '캠핑의자', '텐트', '캠핑 테이블' 등 캠핑과 캠핑용품에 관한 관심이 지속해서 이어지는 것
을 볼 수 있다.

- 썸트렌드(https://some.co.kr)

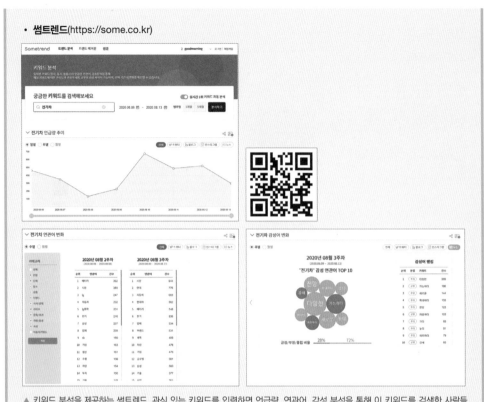

▲ 키워드 분석을 제공하는 썸트렌드. 관심 있는 키워드를 입력하면 언급량, 연관어, 감성 분석을 통해 이 키워드를 검색한 사람들 관심의 내용, 긍정 부정의 감성 파악, 변화 추이를 알 수 있다. 전기차를 검색해보니 관련어로 배터리에 관한 관심이 크고, 전망에 관한 긍정적인 감성 연관어가 검색됐다.

❸ 대리만족하거나 공감할 수 있는 주제로 정한다

내가 이야기하고 싶은 소재를 정했다면 그 소재를 통해 사람들이 공감할 수 있는 세부적인 주제를 정해보자. 흥미로운 영상들은 모두 대리만족, 공감, 정보 전달의 세 가지 요소를 가지고 있다. 맛집 방문, 이벤트 체험, 제품 리뷰 등 체험기 형식으로 제작되는 영상은 사용자에게 대리만족을 주고 사용자 입장에서 공감할 수 있게 설명하면서 동시에 필요한 정보를 준다.

자동차 리뷰 영상을 찾는 시청자들이 궁금할 만한 내용이 뭘까? 어떤 이야기를 하면 대리만족할까? 나는 어떤 이야기를 할 수 있을지 세부적으로 리스트를 짜보자. 힐

링, 재테크, 육아, 반려동물 등의 카테고리도 마찬가지다. 육아의 어려움, 직장생활 고민 등의 소재는 공감을 불러일으키고, 돈 모으는 과정이나 돈을 쓰는 재미, 반려동물의 사랑스러운 모습은 보는 이들을 대리만족하게 만든다. '공감'과 '대리만족'의 키워드로 내가 할 수 있는 이야기들을 자유롭게 적어 나간다.

▲ 23만 명의 구독자를 가진 익스트림 미니멀리스트를 실천하는 유튜버 'Heal Your Living'. 나와는 완전히 다른 삶을 살고 있고 따라 할 엄두도 나지 않지만, 보고만 있어도 편안하고 대리만족을 준다.

TIP │ 내 키워드가 유튜브에서는 어떻게 활용되고 있을까?

하고 싶은 이야기의 소재나 키워드를 정했다면, 유튜브 검색창에 관련 키워드를 입력해보자. 사람들이 많이 검색하는 키워드가 자동완성된다. 관련 이야기를 하고자 한다면 아래처럼 자동완성된 키워드를 참고삼아 기획해보자. 다른 사람들은 같은 주제로 어떻게 만들었는지 살펴보자. 다른 사람의 유튜브의 무엇 때문에 '재미있다'고 느꼈는가? 그 요소를 내 영상에 접목하는 방법은 무엇일까? 나는 기존의 영상들과 달리 무엇 하나를 더할 수 있을까? 이러한 점을 기획 단계에서 떠올려보자.

▲ 사람들이 관심 많은 캠핑, 전기차 키워드 중에서도 어떤 식의 내용이 많이 검색되는지 알 수 있다.

내 유튜브 채널을 통해 '무엇'을 이야기할지 정했다면, 이제 꾸준히 만들어서 규칙적으로 올리는 일이 남았다. 일관된 주제를 꾸준히 업로드하는 것은 유튜브 세계의 고정불변한 원칙이다. 게다가 우리는 1인 제작자이므로 일정 관리를 잘해야 한다. 일주일에 어느 정도 시간을 낼 수 있는지 시간표를 짜보자. 일주일에 몇 번, 몇 시에 업로드할지 시청자와의 약속을 정해보자.

일 28	월 29	화 30	수 5월 1일	목 2	금 3	토 4
	궁중문화축전					11월 나트랑 여행 회의)
	◎ 오후 1시 플레이백A	4화 업로드	종묘궁중음악 관람/촬영	종묘 영상 제작> 6화 온	휘경동 갈비찜	7화 나레이션 녹음
					5화 업로드	
5 어린이날	**6** 전주 여행(9화) 기획	**7** 전주영화제(aka.여영)	**8**	**9** 진주 여행 가편	**10** 7화 업로드	**11** ◎ 오전 10시 을지로
◎ 오후 2시 용인	어린이날 대체공휴일	6화 업로드	어버이날			

▲ 짧은 영상이라도 업로드 주기에 맞춰 올려야 한다면 일정 관리가 필요하다. 언제 기획하고, 언제 촬영하고, 언제 편집을 할지 제작 일정을 스스로 관리해야 한다.

(가제) 기억이 다른거야

TASK NAME	START DATE	END DATE	DURATION (WORK DAYS)	6월 1	2	3	4	7월 1	2	3	4	8월 1	2	3	4
Pre-Production															
소재, 주제 명확히 정리	6/5	6/10	5												
자료조사	6/5	6/21	16												
구성안 완성	6/21	6/23	2												
시나리오 작성	6/24	6/28	4				★								
Production															
출연진, 스태프 확정	7/1	7/5	4												
인터뷰이 섭외	6/11	7/5	24												
촬영장소 헌팅	7/1	7/5	4												
촬영	7/8	7/15	7						★	★					
Post-Production															
인터뷰 프리뷰	7/17	7/20	3												
가편	7/20	7/23	3												
내레이션 더빙	7/23	7/25	2												
종편	7/26	7/29	3								★				
시사	7/30	7/30	0												
업로드	8/1	8/1	0												
			0												

▲ 기획(프리프로덕션)-촬영(프로덕션)-편집(포스트프로덕션)의 단계를 구체화하여 관리해야 할 때 구글의 간트차트를 활용하기도 한다. '구글 간트차트'를 검색하면 다양한 간트차트 양식을 내려받을 수 있다.

❺ 기획은 언제든지 수정할 수 있다

"한 가지 주제를 정하라!"라고 했지만 처음부터 내가 하고 싶은 딱 한 가지 주제를 정하는 게 어려울 수도 있다. 대략 우선순위를 매겨 일단 시작해보자. 영상의 반응을 확인하면서 조회 수가 많이 나오거나 검색이 많이 되는 영상이 있다면, 그것을 기준으로 나의 '한 가지'를 더 구체적으로 정할 수 있다. 우리는 주제도 내용도 일정도 얼마든지 수정할 수 있다는 걸 명심하자.

기획이 중요하지만 기획에 너무 얽매이지 말자. 기획은 결국 상상이다. 물론 현실적인 제약에 근거한 상상이지만, 실제 촬영할 때 어떤 변수가 생길지 모를 일이다. 생각했던 것과 달리 현장에서 더 재미있는 에피소드를 얻을 수도 있고 반대의 경우가 생길 수도 있다.

결국, 기획이란 내가 무엇을 눈여겨보고 무엇을 촬영해야 할지 대략의 얼개를 짜는 단계다. 몇 번 제작해보면 사전에 어느 정도 준비가 필요한지 자기만의 비법이 생기기 마련이다. 촬영하다가도 편집을 하다가도 더 좋은 아이디어가 떠오르면 수정하면 된다.

TIP | 채널 기획안을 쓰면 완성도 높은 유튜브가 된다

구상과 계획, 고민이 끝났다면 이제 채널 기획안을 작성해보자.
유튜브 채널을 개설하려면 한번은 결정해야 하는 것들이다. 미리 기획단계에서 아래의 내용을 정리해보자. 아래 내용을 완성하면 나의 유튜브 채널을 더 구체화할 수 있다.

① **채널명** : 채널 이름을 정해보자. 나의 닉네임, 혹은 주제와 관련된 이름이면 금상첨화다.

② **카테고리** : 내 콘텐츠의 카테고리를 정해보자.

③ **채널 소개** : 내 채널을 한 마디로 정리해보자.

④ **대상** : 누가 이 채널을 보면 좋을까? 시청자의 연령대, 직업, 관심사 등을 떠올려보자.

⑤ **콘텐츠** : 주요 콘텐츠를 정해보자. 앞으로 2주 분량의 콘텐츠 내용을 대강 정리해보자.

⑥ **업로드 주기** : 주 1회 또는 주 2회 간격, 요일과 시간은 언제가 좋을지 등 실현 가능한 업로드 주기를 계획해보자.

채널 기획안

채널명	
카테고리	
채널 소개	(한두 줄 가량의 소개글 작성)
	(#관련 키워드)
대상	(타깃 연령대, 직업, 관심사)
콘텐츠	1화 간략 내용
	2화 간략 내용
	3화 간략 내용
	4화 간략 내용
	5화 간략 내용
업로드 주기	(주 몇 회, 몇 시 업로드)
채널 목표	(1차 목표 / 2차 목표)

• 추가로 채널의 출연진, 예산, 준비물 등의 항목을 더할 수 있다

02 어떤 장면이 필요할까? 씬리스트 만들기

촬영에 앞서 초보 영상 제작자에게 가장 필요한 질문은 이 세 가지일 것이다. 무엇을 찍을까? 어떤 장면이 필요할까? 그걸 어떻게 찍을까?

무엇을 찍을까?는 소재를 찾는 질문이다. 앞서 기획을 설명하면서 소재나 주제를 어떻게 고민해야 할지 살펴보았다. 이야기의 소재와 주제를 정했다면, 그 이야기를 어떻게 전달할지 고민하는 단계이다. 한 장면에 필요한 장면을 리스트로 기록해두는 것을 씬리스트라고 한다.

TIP | 씬(Scene)

녹화 버튼을 눌러 촬영하고 다시 버튼을 눌러 촬영을 중단할 때까지 한 번에 촬영된 분량을 숏(shot)이라고 한다. 이 숏이 동일한 장소, 같은 시간대에 촬영된 것을 묶어 한 씬이라고 한다. 씬리스트란 한 장소에서 촬영할 숏 리스트인 셈이다.

씬번호	장소	장소 세부	시간	내용	출연	소품
1	카페	건물 앞	D	친구를 기다리는 영은	영은	
2	카페	건물 앞	D	가방을 뒤적이며 휴대폰을 찾는 영은	영은	
3	카페	내부	D	카페 안쪽에 앉아있는 지영, 영은을 향해 손을 흔든다	영은, 지은	
4	카페	내부	D	마주앉아 있는 영은과 지영	영은, 지은	

▲ 카페에서 어떤 장면을 촬영해야 하는지 씬리스트를 통해 알 수 있다.

일반적인 씬리스트에는 씬번호, 장소, 시간, 내용, 출연 인물 등을 기록한다. 스마트폰으로 유튜브를 만드는 1인 제작자에게도 나름의 장면 리스트가 필요하다. 최소화된 촬영 계획표를 세운다고 생각하면 된다. 스마트폰 메모장에 체크리스트 형식으로 적어보자. 간단해 보이지만 이 짧은 메모가 촬영을 훨씬 수월하게 만든다.

[좋아하는 카페 소개 스케치]

- ☐ (밖)길 건너편에서 입구 촬영
- ☐ (밖)간판 클로즈업
- ☐ (밖)나무 많은 공간 속에 위치해 있다는 걸 보여줄 수 있는 풀샷
- ☐ 문 열고 들어갈때 종소리 담아볼까?
- ☐ (안)카페 내부 풀샷
- ☐ (안)메뉴판 자연스럽게
- ☐ (안) 빵케이스 가까이에서 (먹음직스럽게)
- ☐ (안)커피 내려놓는 장면
- ＋ 목록 항목

◀ 메모장에 카페에서 촬영해야 할 것들을 체크리스트 형식으로 정리했다. 촬영할 때 잊지 말아야 할 것, 필요한 정보를 자기 방식대로 정리해두면 된다.

TIP │ 다 설명하거나, 다 보여줄 필요는 없다

나의 일상을 영상으로 보여준다고 해서 아침에 눈 떴을 때부터 잠들 때까지 모든 일상을 보여줄 필요는 없다. 전부 촬영할 필요도 없다. 만약 아침에 눈 뜨는 장면으로 영상이 시작된다면 그것은 기획하여 의도한 장면이어야 한다. 다음은 아침에 숙소에서 일어나 관광지까지 가는 과정을 담은 여행 브이로그를 찍은 것이다. 미리 필요한 내용을 메모했다가(씬리스트 참조) 그에 맞춰 필요한 컷을 촬영한다.

• 아침에 일어나서 가장 먼저 보이는 풍경

▲ 아침에 창문을 여는 장면을 찍었다.

• 든든하게 챙겨 먹은 아침 식사

▲ 아침 식사 메뉴와 먹는 장면을 촬영했다.

- **길을 걷는 장면** (일행이 있다면 옆 사람에게 요청, 혼자라면 삼각대에 거치해두고 촬영하기)

▲ 길을 걷는 모습을 촬영했다.

- **이용한 교통수단** (차를 타고 갔는지, 기차를 타고 갔는지 보여주기)

▲ 이용한 교통수단을 통해 가는 길을 소개할 수 있다.

- **내가 본 풍경들** (내가 기대했던 이미지가 담길 수 있도록 다양한 컷으로 촬영하기)

▲ 여행을 떠나기 전에 기대했던 풍경을 담고자 촬영했다.

기획을 하는 목적은 필요한 장면을 빠뜨리지 않고 불필요한 장면을 빼기 위한 것이기도 하다. 기획이 없다면 무엇을 넣고 빼야 할지 짐작할 수 없어 촬영만 불필요하게 길어지게 된다. 내가 하려는 이야기를 전달하는 데 꼭 필요한 영상은 무엇인지, 의도적으로 어떤 장면을 연출해낼 수 있을지 고민해보자.

영화나 드라마를 제작할 때 대본을 바탕으로 스토리보드를 만든다. 스토리보드는 만화의 컷처럼 한 장면의 구도를 잡고 카메라 방향을 이미지로 계획해 놓은 문서다. 연출자와 촬영자, 그리고 스태프들은 이 스토리보드를 보면서 촬영을 어떻게 진행할지 정보를 공유한다.

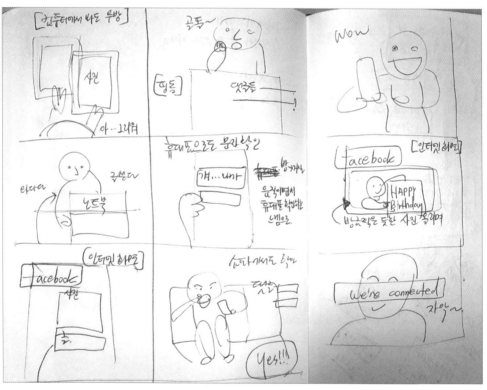

▲ 스토리보드는 영상으로 구현하고 싶은 이미지를 간략하게 스케치해놓은 문서다. 스토리보드 작업을 통해 어떻게 촬영하면 하고자 하는 이야기를 명확하게 전달할 수 있을지 고민할 수 있다. 간략하게 머릿속에 이미지를 옮겨놓을 수도 있다.

▲ 스태프가 여럿일 경우 카메라의 위치와 방향까지 꼼꼼하게 기록해서 촬영 정보를 공유하고 효율성을 높인다. 봉준호 감독의 영화 〈기생충〉 스토리보드북 (출처: The wrap)

  만약 여러 명의 스태프와 함께 작업하고 있다면, 간략하게라도 스토리보드를 만들 어보자. 졸라맨 같은 형상만 그려놓아도 스태프와 촬영에 관해 의사소통하는 데 한결 수월할 것이다.

  하지만 지금 이 책에서 제작하고자 하는 영상은 시나리오가 준비된 드라마나 영화 가 아니므로 일단 씬리스트를 작성하는 것만으로도 충분하다.

TIP | 구글이 제시한 유튜브 10가지 전략이다. 아래의 내용을 내 채널 기획에 반영해보자.

https://url.kr/3j96v5

① **공유성** : 공감, 새로운 뉴스, 실용적인 가치로 공유할 만한 영상 만들기

② **대화** : 시청자가 친구처럼 여길 수 있도록 시청자에게 말을 걸고 대화하는 영상 만들기

③ **상호작용** : 시청자가 참여할 수 있도록 질문하고 아이디어 요청하기

④ **일관성** : 일관성을 가진 주제, 형식으로 정기적으로 업로드하기

⑤ **대상** : 연령대 혹은 특정 그룹, 커뮤니티 등 구체적인 대상을 설정하고 이들이 관심 있어 할 만한 주제를 고르기

⑥ **지속가능성** : 내가 오래 꾸준히 제작할 수 있는 주제를 선정해 최대한 힘이 덜 드는 방식으로 제작하기

⑦ **검색 가능성** : 유튜브 채널에서 유행하는 주제나 인기 있는 주제를 활용할 방법 고민하기

⑧ **접근성** : 새로운 시청자도 금방 이해하고 시청할 수 있도록 상황을 요약하거나, 다음 영상으로 바로 이어질 수 있도록 클릭 유도문 만들기

⑨ **공동작업** : 열성 팬을 가진 제작자, 비슷한 동영상을 만드는 제작자와 공동작업해 보기

⑩ **아이디어 얻기** : 내가 좋아하는 것을 토대로 시청자들이 무엇을 좋아하는지 다양하게 시도해보기

유튜브 영상
촬영하기

유튜브에서 볼 수 있는 영상은 크게 두 가지로 나뉜다. 촬영과 동시에 인터넷으로 송출되는 라이브 영상, 그리고 미리 촬영한 영상을 편집해 올린 영상이다. 라이브 영상이든 기획, 촬영, 편집 등 일련의 제작을 거친 영상이든 기본이 되는 촬영법이 있다. 이 장에서 소개하는 다양한 촬영 방법을 참고해서 완성도 높은 나만의 콘텐츠를 만들어보자.

우선 스마트폰에 있는 기본적인 사진 앱의 기능을 살펴보자.

▲ 갤럭시 노트10의 사진 앱을 활성화한 화면이다.

① **AI 기능** : 영상에 AI 기능을 추가할 수 있다.

② **필터 효과** : 사진에 필터를 입히는 기능으로, 영상을 촬영할 때는 비활성화 되어 있다.

③ **영상 비율 설정** : 촬영하는 영상의 세로와 가로 비율을 선택할 수 있다.

④ **슈퍼스테디 기능** : 영상의 움직임을 부드럽게 잡아주는 기능을 켜거나 끌 수 있다.

⑤ **플래시 기능** : 플래시를 사용하거나 끌 수 있다.

⑥ **설정 창** : 내 스마트폰 카메라의 설정값을 확인할 수 있다.

설정 창 살펴보기

◀ 스마트폰 카메라 앱의 톱니바퀴 모양을 터치하면 나오는 설정 화면이다.

❶ 동영상 크기 설정

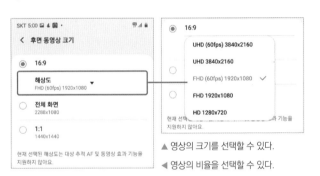

▲ 영상의 크기를 선택할 수 있다.

◀ 영상의 비율을 선택할 수 있다.

설정 창에서 동영상의 크기와 비율을 선택하거나 변경할 수 있다.

TIP | 이미지를 구성하는 최소 단위의 점, 픽셀

해상도는 한 화면에 포함되는 픽셀의 개수로 말할 수 있으며, 가로와 세로 픽셀 수를 곱한 형태로 나타내고, 픽셀이 많을수록 해상도가 높아지고 선명한 이미지를 표현한다. 오른쪽 그림처럼 가로 픽셀 1280개×세로 픽셀 720개인 HD 영상보다 가로 픽셀 1920개×세로 픽셀 1080개로 이루어진 FHD 영상이 '화질이 더 좋다'라고 말할 수 있다.

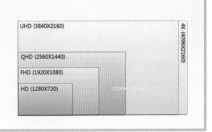

영상의 가로와 세로 비율을 16:9로 할 것인지 정사각형 크기인 1:1로 할 것인지도 설정 창에서 선택할 수 있다. 스마트폰으로 영상을 공유하거나 유튜브에 올릴 때 일반적으로 지원하는 영상 크기는 16:9 크기의 FullHD(FHD)다.

만약 인스타그램에 올릴 영상을 제작한다면 1:1 크기를, 스마트폰 화면상에 빈 곳 없이 촬영하여 보고 싶다면 전체화면 비율인 18:9 비율을 선택하면 된다.

▲ 화면 비율을 1:1로 설정했을 때.

▲ 화면 비율을 16:9로 설정했을 때.

▲ 화면 비율을 18:9로 설정했을 때. 여백이 없는 화면을 촬영할 수 있다.

② 동영상 손 떨림 보정 OIS(optical image stabilizer)

스마트폰 렌즈 자체에서 물리적으로 떨림을 방지하는 기능이다.

TIP | 슈퍼스테디 기능과 손 떨림 보정의 차이는?

갤럭시에서 말하는 '슈퍼스테디'는 내장된 광각 렌즈를 활용해서 촬영 후 프로그램으로 화면의 떨림을 제어하는 기능이다. 슈퍼스테디를 켜면 카메라에 담기는 면적이 미세하게 넓어지는 것을 확인할 수 있다. 떨림의 정도에 따라 주변부가 잘리는 현상이 발생한다.

◀ 일반 화면

◀ 슈퍼스테디 기능을 켠 적용한 것. 슈퍼스테디를 켜면 광각 렌즈가 활용된다.

③ 수평 수직 안내선

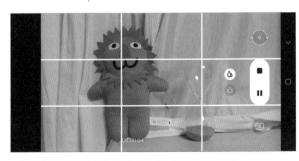

▲ '수평 수직 안내선'을 켜면 카메라 화면 위로 안내선이 나타난다.

안내선을 켜면 가로 3등분, 세로 3등분 된 안내선이 화면에 나타난다. 구도나 수평을 잡는 데 참고할 수 있다.

▲ 아이폰 12의 카메라 앱 화면이다.

아이폰 카메라의 설정을 바꾸기 위해서는 기본 '설정' 앱의 '카메라' 탭으로 들어가야 한다. '카메라' 설정 탭 중의 '비디오 녹화'를 터치하면, 카메라의 해상도를 변경할 수 있다. 갤럭시 스마트폰의 '수평 수직 안내선'은 '격자'로 표기되어 있다.

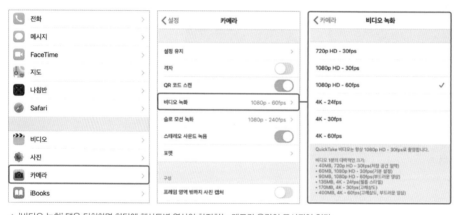
▲ '비디오 녹화' 탭을 터치하면 하단에 해상도별 영상이 차지하는 메모리 용량이 표시되어 있다.

아이폰 13은 카메라 화소수나 카메라 앱 내 기능은 거의 바뀌지 않았지만, 사진과 동영상 품질을 향상하는 데 공을 들였다. 야간 모드와 스마트 HDR3는 아이폰 12보다 업그레이드되었고, 돌비 비전 방식을 적용한 동영상은 스마트폰 동영상 중에 최상위급이라고 자랑한다. 스마트폰은 촬영 중에 줌 기능을 쓰거나, 어두운 곳에서의 촬영은 피하고, 빛과 지지대를 활용해 선명하고 안정된 동영상을 촬영하는 습관을 들이자.

02 두 손으로 찍기

　좋은 영상, 좋은 구도…. 이때 말하는 '좋은' 것이란 무엇일까? 일반적으로 '구도가 좋다'는 것은 보기에 편안하고 짜임새 있게 구성되었다는 의미이다. 좋은 구도의 영상을 위해서는 무엇보다 안정적인 영상을 확보해야 한다. 안정적인 영상을 만드는 기본은 알맞은 자세로 촬영하는 것이다.

▲ 스마트폰이 흔들리지 않도록 두 손으로 받친 후에 화면을 터치한다.

　유튜브 영상의 매력이 생생한 풍경, 날 것 같은 에너지에 있지만, 아무리 좋은 풍경이라도 화면이 흔들리면 오래 집중해서 보기 힘들다. 처음 촬영을 시작하는 사람이라면 우선 안정된 구도의 영상을 확보하는 것을 목표로 삼고 촬영해보자.

　스마트폰이든 카메라 촬영이든 안정적인 자세가 안정적인 영상을 만든다고 해도 과언이 아니다. 다리를 어깨 너비 정도로 벌리고 서서 흔들리지 않는 자세를 유지하자. 상체가 흔들리지 않도록 양팔을 갈비뼈에 딱 붙이고 상체를 고정하면 흔들림을 줄일수 있다. 만약 똑바로 서 있기 어려운 상황이라면, 벽에 기대거나 의자, 사다리를 활용하여 몸이 흔들리지 않도록 하자. 목적은 스마트폰을 흔들리지 않게 유지하는 것이므로 삼각대에 거치하거나 선반이나 책장 같은 지형지물을 활용해 스마트폰 카메라를 고정할 수 있으면 된다.

스마트폰을 높이 들고 찍거나 몸을 낮춰서 찍더라도 스마트폰을 반드시 두 손으로 잡는다. 한 손으로는 스마트폰이 흔들리지 않게 잡아주고, 한 손으로는 녹화 버튼을 누른다. 만약 터치할 수 없는 상황이라면, 볼륨과 전원 버튼을 활용해 촬영할 수도 있다.

또 촬영 전에 렌즈를 깨끗이 닦는 것도 중요하다. 스마트폰은 늘 가지고 다니는 물건이기 때문에 은근히 렌즈에 손이 많이 간다. 렌즈에 지문이 묻으면 사진이 뿌옇게 나오므로 스마트폰 렌즈는 자주 닦아주자.

▲ 높이 들고 찍든 낮춰서 찍든 스마트폰이 흔들리지 않게 양손으로 잡고, 오른쪽 엄지로 녹화 버튼을 누른다.

TIP | 삼각대가 없을 때 거치 요령

삼각대가 없다면 집에 있는 책장, 서가 등을 활용해서 스마트폰이 흔들리지 않게 거치해보자. 작은 스마트폰의 장점을 적극적으로 활용해서 촬영해보자. 또, 옆면의 음량 버튼을 누르면 촬영이 시작되고, 다시 누르면 멈춘다.

03 가로로 촬영하기

영상은 가로로 촬영한다. 더 정확하게 말하자면 일관성 있는 방향으로 촬영하는 것이 좋다. 세로 영상을 제작할 계획으로 모든 영상을 일관성 있게 세로로 촬영하고 있다면 무방하다. 하지만 그런 상황이 아니라면 영상은 되도록 가로로 촬영하자.

▲ 세로 사진, 세로 영상을 편집기에 올리면 양쪽에 블랙 바가 생긴다.

▲ 블랙 바를 없애려고 사진을 늘리면 왜곡이 생긴다.

◀ 영상에 블랙 바가 생기는 게 틀리거나 잘못된 일은 아니다. 하지만 가능한 한 가로로 촬영하는 습관을 들이면 영상을 훨씬 자연스럽게 이어붙일 수 있다.

사람들은 보통 높은 지형지물을 만나면 습관적으로 카메라를 세로로 돌린다. 낮은 곳부터 높은 곳까지 한 컷에 담을 수 있기 때문이다. 하지만 가로 영상과 세로 영상이 혼재되어 있으면 편집할 때 빈 곳이 생기거나, 화면을 부자연스럽게 늘려야 하는 상황이 생긴다. 특별한 의도가 없다면 영상은 가로로 찍자.

　이제까지 찍은 동영상 파일을 살펴보자. 보통 몇 초 정도인가? 너무 짧지는 않은가? 사진은 촬영 버튼을 누르는 순간 찍힌다. 하지만 동영상은 반드시 찍고자 하는 순간의 앞뒤로 3초~5초를 더해서 찍는 것이 좋다. 다 찍었다고 생각해도 머릿속으로 1부터 5까지 숫자를 세자. 다음 예시 영상화면에서 왜 영상을 길게 찍었는지에 대한 이유를 알아보자.

① ② 사탕을 줍는 아이들을 촬영하는데, 예상치 못하게 사람이 앞으로 지나갔다.

③ 예상치 못하게 말이 아이들 앞을 지나간다. 아이들이 가려서 잘 보이지 않는다.

④ 말까지 지나간 후 11초에서부터 내가 의도한 '사탕을 줍는 아이들 모습'이 담겼다.

⑤ 18초쯤 의도치 않게 누군가가 나를 치고 가는 바람에 카메라가 휘청거렸다. 이 20초짜리 영상에서 내가 진짜 쓸 수 있는 영상은 노란 화살표가 그려진 11초부터 18초까지 담긴 아이들 영상이다.

촬영한 영상을 편집할 때는 촬영한 영상을 그대로 쓰지 않는다. 차가 지나간다든지 시선을 방해하는 장면 등 앞, 뒤에서 불필요한 영상을 골라내어 써야 할 때가 있다. 또 앞뒤에 화면 전환 효과를 줄 경우도 있는데, 이렇게 효과를 넣으려면 영상 시작과 끝 지점에 어느 정도 여유 시간이 있어야 하기 때문에 충분히 길게 찍는 것이다.

카메라 앱을 켜고 구도를 잡는다. 화면을 보면서 초점을 맞추고 싶은 곳을 손으로 터치한다. 노란색으로 초점 영역이 지정되면서 초점이 맞는다.

▲ 노란 원이 표시된 위치에 초점이 맞았다. 초점이 맞지 않은 배경은 흐릿해졌다.

이번에는 초점을 맞추고 싶은 부분을 오래 꾹 눌러보자. 그러면 초점 잠금 기능이 활성화된다. 초점이 고정되면 카메라를 살짝 움직여도 초점이 여기저기 자동으로 움직이지 않고, 고정해둔 위치에 그대로 맞는다. 아래와 같이 초점을 고정해두면 근처에서 다른 피사체가 움직이더라도 고정된 초점은 자동으로 바뀌지 않는다.

▲ 초점을 팻말에 고정했다. 근처에서 사람이 움직이더라도 초점은 자동으로 바뀌지 않는다.

06 노출 조절하기

　노출은 렌즈를 통해 들어오는 빛의 양이다. 스마트폰 카메라에서 터치를 해서 노출을 조정할 수 있다. 화면을 터치하면 아이폰의 초점 영역과 동시에 세로로 노출을 조정할 수 있는 노출바가 생긴다. 갤럭시 스마트폰의 노출바는 화면 오른쪽에 자리잡고 있다.

▲ 화면을 터치하면 초점링 오른쪽에 노출바와 태양모양의 아이콘이 나타난다.
　스마트폰은 터치와 동시에 적당한 노출을 자동으로 맞춰준다.

▲ 노출 아이콘을 올려 어두운 지붕 아래를 밝혔더니 구름과 남산서울타워가 사라져버렸다.

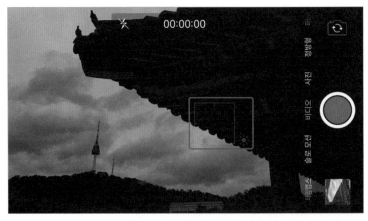

▲ 노출 아이콘을 내렸더니 하늘의 구름의 질감이 한층 살아났다. 대신 건물은 완전히 어두워졌다.
촬영자의 의도에 맞게 노출을 조정할 수 있다.

화면의 어느 곳에 초점을 맞추느냐에 따라 노출이 달라지기도 한다. 어두운 곳을 터치하면 자동으로 밝기를 조정해주기도 한다. 내가 직접 노출을 조정하고 싶다면 노출 바를 위 아래로 조정하면 된다. 노출 아이콘을 누르고 위로 올리면 노출이 많아지고 영상이 밝아진다. 반대로 노출 아이콘을 누르고 아래로 내리면 노출이 적어지고 영상이 어두워진다. 상황에 맞게 적당한 노출을 조정해보자.

앞장 "초점 고정하기(56p)"에서처럼 'AF(Auto Focus) 잠금' 모드로 초점을 잠그면, 동시에 'AE(Auto Exposure) 잠금'도 설정된다. 'AF/AE 잠금' 기능이 활성화되면 앞에서 움직임이 발생해도 고정된 초점과 노출이 바뀌지 않는다.

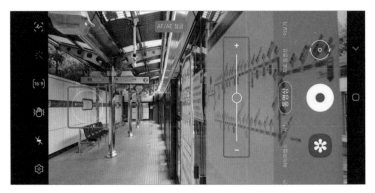

▲ AF/AE 잠금 모드를 활용하여 뒤쪽에 초점이 고정되고 노출도 고정됐다. 바로 앞에 사람이 지나가거나 물체가 움직여도 고정된 초점이 바뀌지 않는다.

07 시선을 배경에 두지 않기

유튜브 영상에서 중요한 것은 시청자의 관심을 끄는 것뿐만 아니라 내 채널에 들어온 시청자를 집중시키는 일이다. 어떻게 촬영하면 시청자의 집중도를 높일 수 있을까? 결국, 집중도를 높이는 일은 시청자가 시선을 두어야 할 곳에만 시선이 가게 하는 것이다.

▲ 건물 앞에서 사람을 촬영했다. 배경이 되는 건물이 충분히 담기지 않고, 그 앞에 시선을 끌어야 하는 사람도 주변 사람들과 비슷한 크기로 담겨 눈에 띄지 않는다.

▲ 주변에 사람이 많아 배경을 정리할 수 없다면, 찍어야 할 대상을 주변과 다른 크기로 담는다.

내가 직접 카메라 앞에 앉았거나 누군가 말하는 사람을 찍을 때, 뒤쪽에 시선을 빼앗는 사물이나 배경이 있는지 점검해보자. 화면 속의 말하는 사람에게 최대한 집중할 수 있는 분위기를 만들어주어야 한다. 우선 방해받지 않는 배경을 찾아보고 시선을 집중시킬 수 있도록 피사체를 주변의 대상들과 구분되도록 확실한 크기로 촬영하자.

촬영할 때는 피사체의 배경을 이야기에 몰입할 수 있도록 연출해보자. 책 관련 방송에는 배경으로 책장을 두고, 요리 방송에는 배경으로 요리 도구가 정리된 선반을 보여주는 식으로 이야기와 관련 있는 소품을 자연스럽게 배치해보자. 배경이 말하는 사람의 신뢰감을 더하면서 시청자의 관심도와 집중도를 높인다.

▲ 과일 가게에서 음료를 사 먹고 맛을 이야기하는 영상이다. 이 음료를 산 과일 가게가 배경으로 등장해 음료에 관한 정보와 어울리는 분위기를 전달한다. 영상의 내용과 연관성을 가진 배경을 안정적으로 담아내면 시청자가 이야기에 집중하게 된다.

반대로 방송 내용과 상관없는 소품이나 도구가 카메라에 포착된다면 시청자의 집중력은 흐트러질 수밖에 없다.

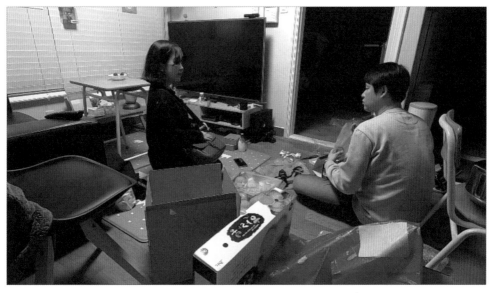
▲ 언박싱 영상을 촬영하고자 한쪽에 스마트폰 카메라를 거치했다. 주변에 시선을 분산시키는 불필요한 소품들이 너무 많다.

가령 인터뷰를 하는 상황에서 인터뷰와 상관없는 사람이 뒤로 지나가면 시청자는 움직이는 것에 시선을 빼앗길 수밖에 없다. 제품 리뷰를 하는데 배경이 되는 공간이 잔뜩 어질러져 있다면 정작 제품은 눈에 잘 들어오지 않는다. 촬영 장소를 선정할 때 배경에 방해받을 요소가 없는지 살펴본다. 배경이 여의치 않다면 커튼이나 시트지 등을 활용해 나만의 작은 스튜디오 배경을 만들어본다.

무엇을 찍을 것인가? 영상을 만들기 전에도, 촬영하는 그 순간에도 이 질문을 던져야 한다. 그 '무엇'이 명확하지 않으면 애매한 영상이 만들어진다. 전체적인 분위기를 담고 싶은지, 어떤 행동을 찍고 싶은지, 대상을 구체적으로 보여주고 싶은 건지, 대략 촬영자의 의도가 있어야 보는 사람이 집중할 수 있는 영상을 찍을 수 있다.

▲ 전체 풍경과 분위기, 기차역의 장식물, 기차 내부를 구경하는 사람들, 혹은 열차 시간표를 확인하는 사람들 등 무엇을 촬영할 것인지 목적이 분명하면 다양하고 명확하게 프레이밍할 수 있다. 눈에 보이는 풍경에서 무엇을 넣고, 무엇을 뺄 것인가? 전달하고자 하는 것을 분명하게 전달할 수 있도록 촬영할 때 프레이밍을 염두에 두자.

촬영은 단순히 대상을 카메라 안에 넣는 문제가 아니다. 내 구도가 찍고자 하는 것의 외관과 그 느낌을 잘 전달하고 있는가? 필요 없는 게 담겨 있다면 과감하게 빼내자. 꼭 한 화면에 담아야 하는 것이라면 확실히 담아내자. 무엇을 찍을지 분명히 정리하면 영상이 한결 깔끔해진다.

TIP | 프레이밍

위 장소에서 당신은 여러 가지 방식으로 사진을 촬영할 수 있다. 공간의 어느 정도를 사진에 담을지, 피사체를 어디에 위치시킬지, 화면 속에 무엇을 넣고 무엇을 뺄지 고민하고 결정하는 것을 프레이밍(framing)이라고 한다. 프레이밍은 '틀'을 뜻하는 프레임(frame)이라는 용어에서 유래한 말로, 눈앞의 풍경을 사각 틀을 가진 영상이나 이미지로 프레임화하는 행위를 말한다. 프레이밍을 어떻게 하느냐에 따라 같은 장소에서도 다른 느낌의 이미지를 만들 수 있다.

구도가 안정적인 영상을 볼 때 시청자 입장에서는 편안하다고 느낀다. 여기서는 안정감 있는 영상을 만들기 위한 영상의 구도를 살펴보자.

❶ 수평과 수직을 맞추자

▲ 멀리 보이는 산과 눈앞에 성벽 공원 역시 수평적인 속성을 지니고 있다. 기울어져 있는 수평선을 바로 세우기만 해도 영상에 안정감이 생긴다.

▲ 길에 세워진 가로등과 표지판은 수직적인 속성을 지니고 있다. 화면에 기울어진 수직선을 바로 세워주면 영상에 안정감이 생긴다.

주변을 둘러보면 산이나 나무, 도로나 아파트 등 모든 장소와 피사체는 수평적인 속성과 수직적인 속성을 지니고 있다. 카메라에 그 대상을 담을 때 피사체가 지닌 수평적, 수직적인 요소를 고려해서 담아보자. 수평과 수직을 잘 맞추기만 해도 이미지는 훨씬 안정감을 느낀다.

❷ 삼등분할을 활용해보자

구도는 피사체를 화면에 어떻게 배치할 것인가의 문제다. 기본 구도라고 불리는 삼등분할 구도를 살펴보자. 화면을 가로로 삼등분, 세로로 삼등분하면 화면이 삼등분할 된다.

찍으려는 피사체를 가로 선과 세로 선이 만나는 꼭짓점에 놓아보자. 피사체가 이 위치에 있을 때 보는 사람이 이미지를 안정적으로 느끼면서 시각적으로 흥미를 갖게 된다고 하여 이를 삼등분할 법칙 또는 황금분할 법칙이라고 한다.

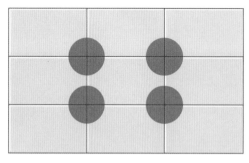

◀ 삼등분할은 화면의 안정감을 주고 자연스러운 공간감을 만들어내는 기본 구도다.

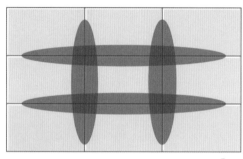 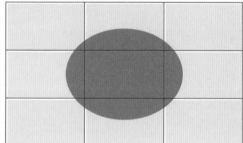

▲ 삼등분할의 꼭짓점뿐 아니라 가로 선, 세로 선, 가운데 공간을 구도로 활용할 수 있다.

TIP | 구도를 잡는 게 어렵다면, 스마트폰 설정 창에 있는 '수평 수직 안내선'의 도움을 받자. '수평 수직 안내선'을 켜면, 카메라 화면에 나오는 안내선이 바로 삼등분할 선이다. (46p, "01 스마트폰 카메라 앱을 살펴보자" 참고)

▲ '수평 수직 안내선'을 켜면 카메라 화면 위로 안내선이 나타난다.

▲ 나란히 늘어선 컵이 삼등분할의 가로선에 맞게 놓여있다.

위 사진의 구도가 안정감을 주는 이유는 무엇일까? 컵이 삼등분할의 가로 선에 알맞게 놓여있기 때문이다. 더군다나 컵의 무게감을 편안하게 인식할 수 있도록 무게중심에 맞춰서 배치됐다. 만약 윗줄의 수평선에 컵이 나란히 놓여있었다면 지금의 안정감은 훨씬 덜했을 것이다.

▲ 두 철로의 선이 만나는 지점이 삼등분할의 위치에 있다.

철로가 화면상에 두 곡선을 만들어낸다. 두 곡선이 만나는 지점에 자연스레 시선이 가는데, 그 지점이 삼등분할의 꼭짓점에 놓여있어 어색하지 않은 이미지를 만든다. 이렇게 선과 선이 만나는 소실점이 만약 다른 위치에 있었더라면, 이미지의 균형이 깨져 기우뚱한 느낌을 주었을 것이다. 집중해야 할 피사체를 어디에 위치시키면 좋을까? 삼등분할 된 면과 선, 점을 활용해 피사체의 배치를 고민해보자.

사람을 촬영할 때도 삼등분할을 적용해보자. 일반적으로 사람의 얼굴을 볼 때 가장 먼저 시선이 가는 곳은 눈이다. 눈이 얼굴의 중심이 된다. 사람의 눈을 어디에 위치하면 좋을지 고민해보자. 뉴스, 예능, 다큐 등 방송에서 얼굴이 클로즈업될 때 눈이 어디에 위치하는지 살펴보자. 대부분 삼등분할을 벗어나지 않는다.

▲ 제일 먼저 시선이 가는 사람의 눈이 삼등분할 꼭짓점에 놓일 수 있도록 촬영해보자.

❸ 바라보는 방향으로 공간을 주자

여백을 다양하게 활용해보자. 여백을 통해 화면에 안정감을 줄 수 있다. 시선이 바라보는 방향에 여백을 주면 인물이 안정적이고 편안하게 느껴진다. 움직이는 대상을 촬영할 때 그 대상이 나아가는 방향에 여백을 주면 여유롭게 나아가는 느낌이 든다.

반대로, 나아가는 방향에 일부러 여백을 주지 않으면 인물이 쫓기거나 달아나는 느낌을 연출할 수도 있다. 또한 영상 속의 여백에 자막을 넣어 활용할 수도 있다.

▲ 사람이 나아가는 방향으로 여백을 주면 영상에 안정감을 준다.

▲ 나아가는 방향에 여백이 없으면 쫓기는 느낌이 든다. 자막을 더해 느낌을 강조할 수 있다.

TIP | 피사체와 공간

사물이든 사람이든 어떤 위치에 놓으면 저절로 공간이 생긴다. 이때 머리 위에 생기는 공간을 헤드룸이라고 한다. 사람의 눈이나 코가 향하는 곳에 주는 여백은 루킹룸, 또는 노즈룸이라고 한다. 사람이 몸이 향하는 특정 방향으로 만들어낸 여백을 리드룸이라고 한다.

헤드룸이 없거나 혹은 리드룸을 좁게 주었다고 해서 틀린 영상은 아니다. 정답은 없다. 여백을 어떻게 주느냐에 따라 영상이 주는 느낌이 달라지므로, 그 느낌을 의도적으로 연출하여 적재적소에 활용하면 된다.

---

10 가까이 다가가서 촬영하기 #클로즈업

　스마트폰으로 촬영할 때는 찍고자 하는 대상에 가까이 다가가자. 100배 줌이 가능한 스마트폰이라고 하더라도 영상을 촬영할 때는 최대한 피사체에 가까이 다가가서 찍어보자. 피사체에 가까이 다가가면 피사체가 강조되면서 화면을 집중시키는 효과뿐 아니라, 적당한 거리에서 볼 때와는 또 다른 것들을 발견할 수 있고, 줌으로 화면을 당겨서 촬영했을 때와는 다른 느낌을 담아낼 수 있다.

▲ 해바라기에 가까이 다가가 촬영했다. 거리를 두고 찍었을 때보다 해바라기가 훨씬 생생하고 탐스럽게 담겼고, 꽃술에 모여든 벌도 보인다.

여기

여기저기 보이는 말들

▲ ▶ 멀리서 말 주변의 풍경을 담은 영상 뒤에 말을 클로즈업한 장면을 이어 붙여본다. 말이라는 피사체가 훨씬 집중되고 흥미롭게 보인다.

약사전의 현판 글씨는 정조의 친필

▲ ▶ 절의 풍경을 보여주는 데서 그치지 않고 강조하고 싶
은 절의 현판을 클로즈업해서 찍었다.

TIP | 카메라 샷의 종류

녹화 버튼을 눌러 촬영하고 다시 버튼을 눌러 촬영을 중단할 때까지 한 번에 촬영된 분량을 샷(shot)이라고 한다. 보기에 편안하고 안정감 있는 영상에는 기본 크기가 있다. 일반적으로 카메라 샷의 크기는 인물을 중심으로 나눈다. 얼굴을 강조한 클로즈업샷, 가슴까지 담은 바스트샷, 상반신을 담은 웨이스트샷, 무릎까지 담은 니샷, 그 인물의 전신뿐 아니라 주변까지 담은 풀샷 등이 있다. 그 중에서 아래 세 가지 샷의 크기를 눈여겨보자. 각각의 샷이 전달하는 정보와 느낌의 차이를 이해하면 샷을 자유자재로 활용할 수 있다.

① **풀샷** : 화면의 범위가 커지고 피사체가 작아진다. 시간, 장소 등 가장 많은 정보가 담겨 있다.
② **미디엄샷** : 클로즈업샷 보다는 화면의 범위가 넓고, 풀샷보다는 화면의 범위가 좁다. 인물의 표정이나 배경보다는 인물의 움직임에 집중하게 만든다.
③ **클로즈업샷** : 화면의 범위가 작아지고 피사체가 커진다. 배경이 잘 보이지 않지만, 화면에 얼굴이 크게 보여서 그 사람의 감정을 강조할 수 있다.

▲ 인물을 촬영할 때 풀샷에는 배경 정보가 담기고, 미디엄샷에는 인물의 행동에 눈이 간다. 클로즈업샷은 표정을 생생하게 담는다. 영상에 담고 싶은 정보나 이야기를 샷의 크기를 달리하여 전달할 수 있다.

촬영한 영상 속에는 이야기와 정보가 담긴다. 사건이 벌어지는 장소를 한 컷으로 담아 이 장소가 어디인지, 시간대는 언제쯤인지, 주변 풍경은 어떠한지 보여주자.

산책로 따라 걷다보면

신라 문무왕 때 원효대사가 지은 절
흥국사

▲ 상황이 벌어지는 시간, 장소, 전체적인 풍경을 한 눈에 담을 수 있게 촬영해보자.

탁 트인 풍경을 한 컷에 담아보자. 눈앞의 풍경에서 느껴지는 시원한 느낌을 영상에 담는 방법이다. 피사체를 클로즈업으로 화면에 가득 차게 찍었다면, 반대로 그 피사체가 어떤 배경 속에 어떤 맥락으로 놓여있는지 풀샷을 통해 보여줄 수 있다.

풍경을 한 컷에 충분히 담아낼 수 있도록 높은 곳에 올라가거나 카메라를 높이 들어보자. 다양한 샷을 활용해서 필요한 정보를 연결하자. 샷을 다양하게 찍어 잘 활용하면 말이나 자막으로 설명하지 않아도 내가 하고자 하는 이야기를 충분히 전달할 수 있다.

피사체와 카메라의 높낮이를 생각한다. 같은 사람을 촬영하더라도 그 사람을 향한 카메라의 높낮이가 달라지면 보는 사람에게 다른 인상을 전달할 수 있다. 우선 카메라를 대상의 눈높이에 맞게 놓고 촬영한다.

▲ 카메라 렌즈를 피사체의 눈높이에 맞게 놓고 촬영했다.

만약 1인 방송을 촬영할 예정이라면, 카메라 렌즈를 나의 눈높이에 맞게 세팅한다. 삼각대를 사용할 수도 있고, 스마트폰을 책상 위에 거치해서 촬영할 수도 있다. 피사체와 같은 높이에 카메라를 놓고 촬영하면, 카메라가 인물을 객관적으로 동등하게 촬영한 것처럼 보인다. 특히 아이나 반려견처럼 작은 대상을 찍을 때 몸을 낮춰 카메라를 아이의 눈높이에 맞춰 찍어보자. 그저 카메라 렌즈를 아래로 향해서 촬영할 때보다 훨씬 진지하고 생동감 있는 표정을 담아낼 수 있다.

카메라를 피사체보다 위에 위치해서 피사체를 내려다보듯 촬영하면, 내려다보는 시선이므로 머리가 상대적으로 커보이거나 덩치가 왜소해 보이는 등 피사체가 왜곡되어 보인다. 연약해 보이고 때로는 귀여워 보이기도 한다. 특히 셀카를 찍을 때 카메라를 얼굴보다 높이 들어 촬영하면 렌즈와 가까운 이마와 눈은 상대적으로 크게, 턱은 상대적으로 날렵하게 나오기 때문에 셀카 촬영법으로 소개되기도 했다. 이렇게 왜곡되는 현상을 영상에도 활용할 수 있다. 카메라를 피사체보다 위에서 촬영해 피사체가 위축된 느낌, 작고 왜소한 느낌을 강조한다.

▲ 카메라를 피사체보다 위쪽에 놓아 대상을 내려다보듯 촬영했다.

이번에는 카메라를 피사체보다 낮은 위치에 놓고 촬영해보자. 카메라가 피사체를 아래에서 위로 올려다보는 시선이다. 피사체가 실제보다 훨씬 크고 힘이 있고 위엄 있어 보인다.

▲ 카메라를 피사체보다 아래쪽에 놓아 대상을 위로 올려다보듯 촬영했다.

영상에서 피사체의 존재감을 강조하고 싶을 때는 카메라의 위치를 피사체보다 낮춰보자. 공포 영화나 정치 드라마에서 압도적인 존재를 표현할 때 카메라를 한껏 낮춰 피사체의 존재감을 부각한다. 화면 속 인물이 시청자를 내려다보는 각도 구성은 인물을 거만한 느낌으로 연출할 수 있다.

15 일상을 다르게 포착하기 #여행영상 #브이로그

일상이나 여행지에서 풍경을 흥미롭게 담아낼 방법을 찾아보자. 도심이나 풍경을 넓게 볼 수 있는 높은 곳을 찾아 올라가면 더 좋은 풍경을 얻을 수 있다.

▲ 발품을 팔면 팔수록 더 좋은 풍경을 얻을 수 있다.

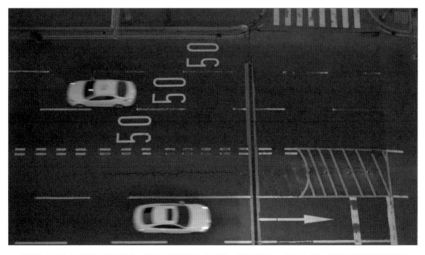

▲ 최대한 도로를 수직으로 내려다보는 구도로 촬영했다. 도로에 그어진 선과 그 위를 오가는 차량이 재미있게 담긴다.
　높은 곳에서 촬영할 때는 스마트폰을 떨어뜨리지 않도록 주의해야 한다.

카메라를 높이 들고 온전히 수직으로 내려다보는 구도로 촬영한 음식 사진을 SNS에서 종종 볼 수 있다. 마치 드론이 촬영한 것 같이 낯선 느낌을 준다. 풍경도 그렇게 담아보자. 높은 곳에 올라가서 스마트폰을 다양한 각도로 움직여 일상적인 풍경을 다르게 포착해보자.

▲ 바닥에 떨어진 꽃을 카메라를 한껏 낮춰 아이레벨로 촬영했다. 클로즈업된 꽃의 존재감이 하이앵글로 촬영할 때와는 완전히 다르다.

휴대성이 좋고 크기가 작은 스마트폰 카메라의 장점을 한껏 활용해보자. 카메라 렌즈를 한껏 바닥에 가깝게 낮춰보자. 앉아서도 찍어보고 누워서도 찍어보자. 작은 렌즈로 이전에 보지 못했던 것들을 발견할 수 있다.

▲ 길에 떨어져 있는 낙엽이 젖은 바닥과 조명의 분위기가 더해져 쓸쓸한 느낌으로 다가온다.

▲ 낙엽 밟는 소리가 들릴 것 같이 걸어가는 행위가 한껏 강조된다.

프레임 속 공간 채우기 #타이틀 #자막

네모난 프레임 공간에 피사체를 어떻게 담으면 좋을까? 때로는 가득 채워보자. 피사체가 화면 가득 찼을 때 만들어내는 쾌감이 있다.

눈앞에 푸르름이 가득 찼다

▲ 화면에 나무와 숲을 보기 좋게 배치할 수도 있지만, 피사체로 완전히 채우면 또 다른 에너지가 담긴다.

화면 한쪽에 여백을 만들어보자. 화면 속 어디에 여백을 남기느냐에 따라 대상으로 꽉 찬 영상이나 중앙으로 시선을 집중시키는 영상과는 또 다른 느낌을 준다. 여백은 그 자체로도 이미지이지만 그곳에 자막을 넣어 활용할 수도 있다. 촬영할 때 자막을 넣을 위치를 염두에 두고 찍어보자.

"차비, 제가 대신 낼게요"

▲ 자막을 강조하고 싶어 위쪽에 여백을 두고 촬영했다.

MY TRAVEL diary

▲ 피사체를 왼쪽으로 밀어 타이틀 자막 공간을 마련했다.

타임랩스(time lapse)는 긴 시간 동안 변화하는 피사체의 모습을 일정한 간격으로 촬영해서 시간을 압축해서 보여준다.

▲ 캠핑 가서 텐트를 치는 과정을 타임랩스로 촬영했다. 20분이 넘게 걸린 일을 타임랩스는 1~2분짜리 영상으로 보여준다.

타임랩스는 긴 시간 동안 변화하는 피사체의 모습을 일정한 간격으로 촬영한 촬영 기법으로 시간을 압축해서 보여준다. 한 시간 동안 하늘에서 구름이 움직이는 풍경을 일정 시간의 간격으로 찍은 낱장의 이미지들을 연결해서 한 시간의 움직임을 10초의 영상으로 출력한다. 단순히 영상의 재생속도를 빠르게 한 것이 아니라 시간을 압축해 담아낸 것이다.

이러한 원리로 만들어지는 효과이지만 지금은 카메라 기본 앱에서도 타임랩스 기능을 제공한다. 이제는 '타임랩스 모드'만 설정해도 이러한 영상 효과를 쉽게 얻을 수 있다. 아이폰에는 '타임랩스' 모드가 있고 갤럭시 스마트폰에는 '하이퍼랩스' 모드가 있다. 하이퍼랩스는 시간의 변화 속에 공간의 변화까지 더한 개념이다. 즉, 움직이면서 찍는 타임랩스라고 생각하면 된다. 작동 원리는 같다.

▲ 갤럭시S20의 '하이퍼랩스' 기능을 작동한 상태. 아이폰에는 '타임랩스'가, 갤럭시 스마트폰에는 '하이퍼랩스' 모드가 있다.

타임랩스를 효과적으로 활용하기 위해서는 무엇을 촬영하는 게 좋을까? 해가 뜨고 지는 것처럼 빛이 달라지는 풍경, 구름이 움직이는 하늘, 바쁘게 오가는 사람들이나 차량 등 시간에 따라 변화가 확연히 보이는 풍경을 타임랩스로 찍으면 좋다.

브이로그나 여행 영상을 촬영할 때, 출근길이나 이동하는 장면을 타임랩스 기능으로 촬영해보자. 단조로운 길 풍경을 압축된 시간으로 표현해 재미있게 담아낼 수 있다.

▲ 해가 지는 풍경을 타임랩스로 촬영했다. 구름이 움직이고, 해가 저물고 어둠 속에서 조명이 켜지는 과정이 빠르게 담겼다.

18 나만의 느낌을 살리는 수동모드
#화이트밸런스 #감성영상

스마트폰은 기본적으로 자동모드로 세팅되어 촬영할 때 필요한 노출, 화이트밸런스, 초점을 자동으로 맞춘다. 편리한 기능이긴 하지만 남들과 비슷비슷한 결과물을 만들어내는 이유이기도 하다. 나만의 특별한 시선으로 촬영해보고 싶다면 노출, 초점, 화이트밸런스를 직접 맞춰야 하는 수동모드 기능을 활용해보자.

▲ 해 질 녘의 풍경. 수동모드에서 화이트밸런스를 조정하면 영상의 색감을 조정할 수 있다.

일반적으로 사람의 눈은 태양 아래서 흰색을 보든 형광등 밑에서 흰색을 보든 똑같이 '하얗다'고 느낀다. 빛이 가진 색감의 변화를 사람의 눈으로는 구분하지 못한다. 하지만 기계는 주변 조명에 따라 물체의 색상을 완전히 다르게 인식한다. 같은 장소에서 촬영한 풍경인데도 때때로 더 파랗게, 더 빨갛게 표현되는 것은 이 때문이다. 화이트밸런스란 이러한 차이를 인식시키고 흰색으로 보여야 하는 대상을 카메라가 흰색으로 표현할 수 있게 색온도(캘빈값)를 설정하는 것이다.

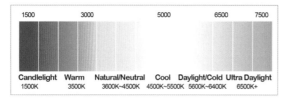

▲ 색온도의 변화는 캘빈값(K)으로 표현한다. 캘빈값이 낮을수록 붉은 색을 띠고, 높을수록 푸른 색을 띤다.
일반 카메라에서 '맑은 날' 혹은 '야외'라는 이름으로 설정된 화이트밸런스 값은 5700K이다.

TIP | 갤럭시 프로동영상 모드 활용법

▲ '더보기' 탭에 프로 동영상이 있다.

▲ '더보기' 옆에 연필 모양을 터치하면, 위에 아이콘을 사진 탭에 고정할 수 있다.

▲ 수동모드에서는 이러한 것들을 조정할 수 있다.

① 노출을 직접 조정할 수 있다.

② 화이트밸런스(WB)를 직접 조정할 수 있다.

③ 초점거리를 직접 조정해 원하는 곳에 초점을 맞출 수 있다.

④ 셔터스피드(셔터가 열리는 시간 길이)를 직접 조정할 수 있다. 아주 빠르게 지나가는 물체를 포착하거나, 움직이는 궤적을 남길 수 있다.

⑤ 감도(ISO)를 조정할 수 있다.

⑥ 다른 건 자동으로 두고 화이트밸런스 혹은 초점만 직접 맞추고 싶다면 자동으로 두고 싶은 항목을 선택한 후 '수동' 버튼을 터치한다. 글자가 '자동'으로 바뀌며 그 항목이 자동으로 조정된다.

여기서는 초점, 노출, 셔터스피드, 감도를 자동으로 두고 화이트밸런스만 조정해보자. 초점, 노출 등 각각의 항목을 터치한 후 오른쪽 위에 '수동' 버튼을 누르면 그 항목이 자동으로 조정된다. 화이트밸런스만 수동으로 조정한다.

▲ 자동 모드일 때는 커튼이 흰색을 띠도록 자동으로 화이트밸런스가 조정된다.

▲ 화이트밸런스를 4100K로 조정했다. 흰색 커튼에 푸른빛이 감돈다.

▲ 화이트밸런스를 6500K로 조정했다. 붉은빛이 더해져 커튼은 노란빛을 띠고 공간이 따뜻한 느낌이 든다.

▲ 화이트밸런스를 5500K로 조정했다. 초록빛 식물이 초록색으로 보이고, 커튼색이 조금 푸르스름하다.

　자동모드일 때는 카메라가 알아서 흰색을 흰색으로 보이게끔 화이트밸런스를 맞춘다. 하지만 경우에 따라 화이트밸런스를 조정해서 분위기를 한껏 강조할 수 있다. 노을이 질 때 화이트밸런스 값을 높여서 노을을 한층 붉게 표현할 수 있다.

　새벽에 바깥에 나왔을 때 화이트밸런스를 낮춰 푸른빛이 감도는 하늘로 이른 시간을 강조할 수 있다. 브이로그를 찍을 때 화이트밸런스를 조정해 방 안의 따뜻한 느낌을 더할 수도 있다. 수동모드를 적절히 활용하면 자동모드가 잡아내지 못하는 상황의 특별한 느낌을 내 영상에 더할 수 있다.

▲ 화이트밸런스로 원래의 색감을 표현해 낼 수도 있지만, 원하는 느낌을 더해 표현할 수도 있다.

TIP | 음식을 더 먹음직스럽게 보여주는 화이트밸런스

화이트밸런스를 잘 맞추면 음식이 훨씬 먹음직스럽게 보인다. 스마트폰은 자동으로 화이트밸런스를 맞춰주긴 하지만, 무드 등이 켜진 어두운 레스토랑에서 촬영할 때 혹은 음식을 좀 더 먹음직스럽게 찍고 싶을 때, 접시의 흰색이 제대로 표현됐는지 확인해보자.

▲ 조명 아래 흰 접시를 하얗게 표현되도록 잡아주면, 훨씬 음식이 먹음직스럽게 표현된다.

19 저절로 눈이 가는 아웃포커스

아웃포커싱 효과는 초점을 맞춘 피사체는 선명하고 배경은 흐리게 하여 피사체를 강조하는 효과다. 스마트폰 카메라에 렌즈가 세 개씩 장착되면서, 이전에는 디지털카메라에서만 가능하다고 여겨졌던 아웃포커싱 효과를 스마트폰으로도 쉽게 만들어낼 수 있게 됐다. 갤럭시의 '라이브 포커스 동영상'이 아웃포커스 효과를 활용한 동영상 모드이다.

아웃포커싱 효과를 극대화하기 위해서는 피사체와의 거리를 염두에 두어야 한다. 카메라는 피사체와 최대한 가깝게 두고, 피사체를 배경과 최대한 떨어뜨려 놓아야 한다. 최신 스마트폰은 망원 렌즈가 달려있으므로 망원 렌즈를 사용해서 아웃포커싱 효과를 만들어낼 수 있다.

▲ '라이브 포커스 동영상' 기능을 켜면 피사체를 좀더 카메라 가까이 두라는 경고문이 뜬다.

▲ 선명하게 촬영하고 싶은 대상을 카메라 렌즈와 최대한 가깝게 하고, 피사체는 배경에서 될 수 있으면 떨어뜨려 놓는다. 아웃포커싱 효과가 극대화되고, 뒤쪽에 놓인 장난감이 부드럽게 흐려졌다.

TIP | 수동모드에서 아웃포커싱을

'라이브 포커스 동영상' 기능이 제공하는 아웃포커싱은 기계적인 효과다. 수동모드에서도 위에서 언급한 피사체 와의 거리를 잘 조정하면 훨씬 자연스러운 아웃포커싱 효과를 낼 수 있다.

▲ 수동으로 초점을 바로 앞의 잎사귀에 맞췄다. 피사체인 잎사귀를 최대한 카메라 렌즈 가까이 놓고 촬영했다. 초점이 앞쪽의 잎사귀에 맞고, 뒤쪽은 자연스럽게 흐릿해지는 아웃포커싱 효과를 만들어냈다.

1인 방송을 하든 브이로그를 찍든 삼각대는 여러모로 쓸모가 많다. 삼각대를 이용하면 스마트폰으로도 안정적인 화면을 만들 수 있을 뿐만 아니라 혼자서 내 모습을 촬영할 때도 꼭 필요한 장비다. 친구들과 대화하는 장면을 촬영할 때도 한쪽에 세워두면 자연스러운 대화 장면을 담아낼 수 있다.

크기가 작고 휴대하기 좋은 스마트폰용 삼각대가 많이 있다. 자주 들고 나갈 예정이라면 휴대하기 좋고 바람에 흔들리지 않을 만큼 견고한지 살펴보자. 실내에서 책상이나 선반에 올려두고 촬영할 예정이라면 삼각대의 높낮이가 원하는 만큼 조정되는지 알아보고 구매하는 것이 좋다.

지면에 바로 세우는 삼각대뿐 아니라 여기저기 매달아서 촬영할 수 있는 고릴라 포드, 거치대도 있다. 또, 집에 카메라용 삼각대가 있다면 기존 삼각대에 스마트폰 홀더만 붙여서 사용할 수도 있다.

▲ 셀카봉에 쓰이는 스마트폰 홀더가 있다면 기존 카메라 삼각대에 꽂아 활용할 수 있다. 스마트폰 홀더만 따로 구매할 수도 있다.

▲ 삼각대를 이용하면 안정적으로 영상을 촬영할 수 있다.

▲ 작은 삼각대 하나만 있으면 어디서든 음식을 먹거나 대화하는 장면을 자연스럽게 촬영할 수 있다.

▲ 다리를 유연하게 변형시켜 기둥이나 나무에 부착할 수 있는
　삼각대.

▲ 작고 가벼운 스마트폰용 삼각대는 일반 카메라나 마이크, 조명 등을
　세워둘 때도 활용할 수 있다.

아무리 스마트폰의 손 떨림 보정 기능이 탁월하다고 해도 촬영자가 움직임을 최소화해야 흔들리지 않는 영상을 얻을 수 있다. 촬영자가 움직이면 영상이 흔들릴 수밖에 없다. 움직이면서도 영상의 떨림을 확실히 잡고 싶다면, 짐벌을 활용한다.

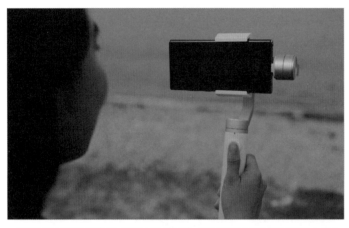

▲ 짐벌을 들고 해변을 걸어보자. 해변을 걸을 때 보이는 바다 풍경을 흔들림 없이 담아낼 수 있다.

▲ 셀카 모드를 활용해 바다를 걷는 내 모습을 직접 촬영할 수도 있다.

야외에서 움직이면서 촬영할 일이 많다면 고정된 삼각대보다 짐벌이 활용도가 높다. 짐벌로 안정감뿐 아니라 영상에 역동성을 더할 수도 있다. 제품 촬영처럼 움직이지 않는 피사체를 촬영할 때 짐벌을 활용해 카메라에 움직임을 넣으면 밋밋한 영상이 훨씬 흥미롭게 느껴진다.

▲ 고정된 피사체를 촬영할 때 짐벌을 활용해 자연스럽게 움직임을 넣어보자.

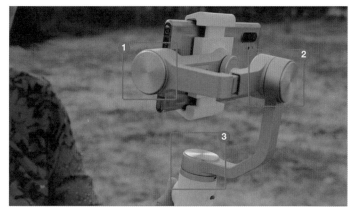

▲ ❶피치축, ❷롤축, ❸요축으로 수평을 맞춘다.

짐벌은 세 개의 축으로 수평을 맞춘다. X축, Y축, Z축이라고도 하고, 각각 롤(roll), 피치(pitch), 요(yaw)라고 부른다. 롤축은 앞뒤 회전의 움직임을, 피치축은 틸트처럼 위아래의 움직임을, 요는 패닝 촬영을 하듯 좌우로 회전하는 움직임을 말한다. 짐벌은 이 세 개의 축을 자동으로 조절하며 전방위적인 흔들림을 제어한다. 이때 1축 짐벌은 롤축만 보정하는 짐벌이고, 2축 짐벌은 롤과 피치축을 보정하는 짐벌이다. 3축 짐벌은 롤, 피치, 요, 각 축을 바로잡는 짐벌이다. DJI 오즈모, 지윤택, 페이유, 샤오미 등 여러 업체의 제품이 있다. 아래에 소개하는 제품은 모두 3축 짐벌이다. 자신의 스마트폰과 호환되는지, 짐벌의 무게나 사이즈, 가격이 적당한지 살펴보고 선택하자.

▲ 왼쪽부터 DJI OM 4, 스무스 Q2, 브이로그 포켓이다. 세 제품 모두 3축 짐벌로 동체 추적, 줌, 파노라마 촬영 기능 등을 제공한다. 스마트폰의 장점을 극대화할 수 있는 가볍고 작은 크기가 강점인 짐벌이다.

	DJI 오스모 모바일5	지윤택 스무스 Q4	페이유 빔블3
특징	접이식 구조의 경량 짐벌, 제스처 컨트롤, 다이내믹 줌, 환경에 맞는 ShotGuide 및 템플릿 제공, 개선된 피사체 추적 기능	안드로이드 스마트폰 환경에 최적화, 회전식 조명 탑재, 제스처 컨트롤, 한 화면에 여러 명의 나를 담을 수 있는 매직 클론 파노라마 기능	지능형 장면 인식, 스마트 객체 추적, A/B 두 포인트를 저장해 자동 팔로우, 줌 작동, 상대적으로 저렴한 가격.
짐벌 무게	292g	340g	387g
배터리용량	1,000mAh	1,300mAh	1,300mAh
사용시간	6.4시간	7시간	10시간
스마트폰 허용 중량	230g±60g	최소 150g-최대 280g	260g
가격	10만 원대 후반	10만 원대 중반	10만 원대 초반

소리를 잡으면 영상이 좋아진다 #mic

영상의 이미지만큼이나 중요한 것이 소리다. 아무리 근사한 풍경을 촬영하고 훌륭한 사람의 목소리를 담아도, 소리가 선명하지 않거나 잡음이 섞여 있다면 그 영상을 오래 보기 힘들다. 스마트폰 카메라로 촬영할 때도 현장의 소리를 잘 담아내야 한다. 다음의 세 가지 방법에 유의하여 촬영해보자.

▲ 지글지글 고기가 익어가는 소리가 없다면 영상의 감흥은 절반 이상 떨어진다. 지글거리는 소리를 생생하게 담아 먹음직스러운 영상을 만들어보자.

첫째, 촬영하려는 장소에 소음이나 잡음이 심하지 않은지 확인하자.

둘째, 스마트폰이나 이어폰에 내장된 마이크를 잘 활용하자. 이어폰 마이크에 가까이 대고 말하면 목소리를 깨끗하게 녹음할 수 있다. 음성이나 소리가 중요한 영상이라면, 촬영을 마친 후에 소리를 따로 녹음하는 것도 방법이다.

셋째, 외장 마이크를 마련하자. 스마트폰용으로 출시된 작고 휴대성 좋은 마이크가 많다. 바람 소리 또는 ㅂ 발음이나 ㅍ 발음을 할 때 입에서 나는 공기소리까지 제거하고 싶다면 마이크에 윈드 스크린 또는 데드캣을 더하면 된다.

◀ 내 스마트폰의 마이크의 위치를 확인하고, 소리가 나는 곳에 마이크를 가까이 대고 깨끗하게 녹음한다. 삼각대에 연결하는 부착형 등 다양한 스마트폰용 마이크가 있다.

TIP│ 지향성? 무지향성? 용도와 상황에 따라 마이크 고르기

마이크는 용도와 상황에 따라 선택하자. 성능으로 구분하면 지향성, 무지향성으로 나뉜다. 지향성 마이크는 정면에서 들어오는 소리에 대해서만 감도가 좋다. 무지향성은 모든 방향의 소리를 받아들인다. 즉, 지향성은 인터뷰나 강의할 때 음성만 선명하게 얻기 좋고, 무지향성 마이크는 주변음까지 고스란히 담겨 현장의 생생함을 포착하기 좋다.

마이크의 종류는 아래와 같이 핀 마이크, 샷건 마이크, 무선 마이크 등이 있다. 각 제품의 특징을 살펴보고 상황에 따라 알맞은 마이크를 사용하자.

① **핀 마이크** : 특정한 사람의 목소리를 녹음할 때 주로 사용한다. 인터뷰, 1인 방송이나 강의용에도 적합하다. 마이크에 달린 핀을 옷에 고정해 사용하는 마이크로 용도에 따라 마이크 라인의 길이를 염두에 두어야 한다.

② **무선 마이크** : 멀리 떨어져 있는 대상의 목소리를 녹음할 때 사용한다. 무선 마이크라 유선인 핀 마이크보다 편리하게 사용할 수 있지만, 그만큼 가격이 비싸다. 리시버 송신기에 배터리가 필요하다는 단점이 있다.

③ **샷건 마이크** : 지향성 마이크로 시끄러운 공간에서 특정 소리만 담고 싶을 때 사용한다.

▲ 이어폰 단자에 꽂아 쓰는 핀마이크 형(왼쪽). 스마트폰과 카메라에 거치할 수 있는 샷건 마이크(가운데), 이 외에 편의성을 내세운 3.5mm의 초소형 마이크(오른쪽)도 있다. 용도와 상황에 따라 적절한 마이크를 찾아보자.

23 나만의 스튜디오를 만드는 조명 #조명발

빛이 충분한 장소에서 촬영할 때 가장 선명한 영상을 얻을 수 있다. 밝은 야외 촬영이 아닌 실내 촬영에서는 반드시 조명이 필요하다. 스마트폰의 이미지 센서가 빛을 충분히 받아들이지 못하기 때문이다. 스마트폰으로 촬영할 때는 어떤 조명을 활용하면 좋을지 알아보자.

▲ 집에 있는 조명이나 스마트폰용 조명을 활용해 콘텐츠에 맞는 영상의 분위기를 만들어보자.

조명은 휴대용과 거치용이 있다. 주머니에 들어갈 만한 작은 크기의 휴대용 조명을 들고 다니면서 필요할 때 꺼내 쓸 수 있다. 휴대용 조명을 삼각대에 거치해 사용할 수도 있다. 1인 방송이나 제품 사진을 찍을 때 활용하는 동그란 모양의 링 조명도 유용하다. 구매할 때는 조명의 색온도를 확인하자. 색온도가 조정되는 LED 조명도 쉽게 찾을 수 있다.

조명을 구매하는 게 부담스럽다면 집에 있는 스탠드나 무드 등을 활용해보자. 조명으로 영상에 원하는 색이나 분위기를 더할 수 있다.

피사체에 조명을 직접 비춰 밝힐 수도 있지만, 조명 빛이 너무 강하다면 조명에 얇은 종이를 덧대어 빛을 부드럽게 만들거나, 또는 조명을 벽에 반사해 은은하게 활용할 수도 있다. 조명을 벽에 튕기거나 반사해서 사용하는 것을 바운스라고 한다. 조명으로 바운스할 때는 반사되는 벽의 재질이나 색이 중요하다. 흰 벽은 빛을 은은하게 반사하지만, 검은 벽은 빛을 흡수한다. 조명을 다양하게 활용해 영상에 나만의 색을 담는다.

▲ 작은 포터블 조명을 삼각대에 거치하거나 스마트폰 거치대에 연결해서 활용할 수 있다.

▲ 셀프 촬영할 때 효과적인 링 조명은 빛을 얼굴에 골고루 비추어 그림자가 생기지 않게 한다. 또 눈동자에 엔젤링을 만들어 생기와 호감을 더한다.

▲ 집에 있는 스탠드나 전등을 활용해서 빛과 분위기를 더할 수 있다.

지금까지 안정적인 영상을 얻기 위한 기본 구도에 관해 알아봤다. 앞에서 다룬 내용을 충분히 이해했다면, 이제는 수평을 맞추지 말고 비스듬히 찍어보자. 카메라를 한 손으로 들고 거칠게 흔들리는 느낌을 담아보자. 느낌이 가는 대로 자유롭게 찍어보자. 틀을 깨보자. 기본 구도나 원칙을 비틀고 응용하면서 나만의 창조적인 영상을 만든다.

▲ 느낌이 가는 대로 자유로운 구도로 촬영한다.

▲ 시선이 가는 대로 촬영한다.

▲ 때로는 초점도 흐릿하게 촬영한다.

▲ 역광을 활용해 촬영한다.

　촬영에 정답은 없다. 촬영자가 나름의 목적을 가지고 장면을 연출해내면 된다. 기본 구도를 뒤집어서 일부러 불안정한 화면을 연출할 수 있다. 화면 속의 수평, 수직이 비틀리거나 초점이 흐릿한 영상을 통해 만들고자 하는 분위기나 전달하고자 하는 느낌을 더할 수 있다면 그 역시 알맞게 촬영을 해낸 셈이다. 편집하기 전에 원본을 충분히 검토해보자. 잘못 촬영했다고 생각한 B컷에서 의외로 보물 같은 장면을 발견할 수도 있다.

스마트폰 앱으로
영상 편집하기

영상 편집이 처음이라면? 스마트폰 앱만으로도 충분히 스마트폰 영상으로 찍은 영상을 빠르고 간편하게 편집할 수 있다. 사진을 편집하듯 동영상에 자유자재로 자막을 입히고, 필터로 색감을 바꾸고, 재생 속도를 바꿀 수도 있다. 쉽게 편집하고 만들고 쉽게 공유하는 데 최적화되어 있는 영상 편집 앱을 알아본다.

구글 플레이스토어나 애플의 앱스토어에서 '편집' 혹은 '영상 편집'을 검색하면 다양한 앱이 나온다. 이 중에서 가장 많이 쓰이는 앱 비바비디오(VivaVideo), 키네마스터(KineMaster), 블로(VLLO) 세 가지를 소개한다.

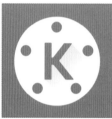

▲ 왼쪽부터 비바비디오, 키네마스터, 블로는 가장 많이 쓰이는 영상 편집 앱이다.

	공통점	특징	워터마크	구독 비용	구독 혜택
비바비디오	1. 호환 : 아이폰, 아이패드, 안드로이드 호환 2. 4K 해상도 지원 3. 무료 음악, 무료 템플릿, 무료 음향효과 제공	- 무료 사용 시 5분 이내만 편집 가능 - 슬라이드 쇼 기능으로 사진 편집 쉬움	있음. 구독 시 제거됨	월 8,000원/ 평생 사용 75,000원	-워터마크 삭제, 광고 제거 -시간제한 없음 -음악, 템플릿 추가 제공
키네마스터		-편집기가 가로 포맷이라 타임라인을 길게 쓸 수 있음 -직관적	있음. 구독 시 제거됨	월 4,500원/ 연 25,000원	-워터마크 삭제 -광고 없음 -음악, 템플릿 추가 제공
블로		-무료 편집기임에도 워터마크 없이 출력 가능 -감각적인 필터와 스티커	없음	월 4,900원 / 평생 사용 29,000원	-광고 제거 -음악, 템플릿 등 추가 제공

▲ 제공하는 기능은 세 편집기 모두 비슷하다. 편집기의 구성과 형태, 제공하는 음악, 템플릿, 필터 등을 확인해보고 내 취향에 맞는 편집기를 선택하면 된다.

TIP | 기타 영상 관련 앱들

▲ 순서대로 Vlogr, Inshot-Vlog, VITA-Video Life, 파워디렉터(PowerDirector), FilmmakerPro 이다.

❶ 비바비디오(VivaVideo)

비바비디오는 아래와 같이 세로 구성으로 되어 있다. 다양하고 감각적인 효과와 템플릿을 제공한다. 터치 몇 번으로 사진을 이어붙이거나 짧은 영상을 꾸밀 수 있다. 다만 무료 버전은 5분 이상 편집이 불가능하고, 효과를 적용할 때마다 각각 효과 창이 뜨기 때문에 효과를 둘러보고 다시 타임라인으로 돌아가는 과정이 번거롭다. 하나의 짧은 클립에 빠르게 효과를 주고 싶을 때 권하는 편집 프로그램이다.

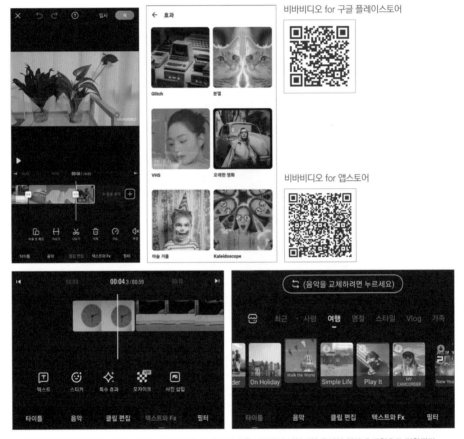

비바비디오 for 구글 플레이스토어

비바비디오 for 앱스토어

▲ 비바비디오의 편집 화면. 아래의 타이틀, 음악, 편집, 효과 등의 탭을 터치하면 타임라인 공간이 해당 효과창으로 전환된다.

❷ 블로(VLLO)

  블로의 가장 큰 강점은 워터마크 없이 무료로 사용 가능하다는 점이다. 세 편집기 모두 다양한 무료 음악, 필터, 스티커를 제공하지만, 블로가 가장 세련되고 감각적인 필터와 스티커를 제공한다. 아이콘의 그림과 명칭이 직관적이라 원하는 기능을 찾기 쉽다. 처음 편집 프로그램을 만져보는 사람도 쉽게 편집할 수 있다. 한번 구매하면 광고를 제거하거나 프리미엄 기능을 평생 쓸 수 있다는 것도 강점이다. 다만 타임라인 자체를 늘이거나 줄일 수 없고, 효과가 적용된 타임라인을 일목요연하게 볼 수 없어서 긴 영상을 편집하기 쉽지 않다.

▲ 블로의 편집 화면. 비바비디오와 같은 세로 형식으로, 아래 탭의 오디오, 모션, 스티커글자 등의 탭을 터치하면 해당 타임라인이 아래에 추가되듯 나타난다.

❸ 키네마스터(KineMaster)

키네마스터는 가로로 구성된 편집 프로그램이다. 타임라인과 패널이 분명하게 분리되어 있어서 편집하는 방법을 쉽고 체계적으로 익히기 좋다. 또 비교적 타임라인을 넓게 쓸 수 있어 세부적인 편집을 하기에 좋다. 세로형, 가로형 타임라인 구성은 개인마다 호불호가 다를 수 있으므로, 직접 사용해보고 나에게 어떤 게 편리한지 따져보자. 무료로 사용하면 오른쪽 위에 워터마크가 함께 출력되고, 타임라인이나 출력할 때 광고가 떠 있다.

세 애플리케이션 모두 프리미엄 기능을 일시적으로 무료 체험해 볼 수 있다. 오래 두고 자주 편집해 볼 계획이라면, 유료로 구매하는 것도 추천한다. 자기 손에 가장 잘 맞게 편집기가 구성되어 있는지, 내 스타일에 맞는 필터나 템플릿을 제공하는지 세 편집기 모두 써보고 직접 고르는 것이 좋다.

키네마스터 for 구글 플레이스토어

키네마스터 for 앱스토어

▲ 키네마스터는 타임라인이 가로로 구성되어 있다.

02 | 키네마스터(KineMaster)로 편집하기

편집 프로그램의 구성은 편집 앱마다 비슷하다. 그중 하나의 편집 앱을 잘 다룰 줄 알면, 다른 편집 앱도 쉽게 응용할 수 있다. 이 책에서는 키네마스터로 편집하는 방법을 소개한다. 먼저, 컴퓨터에서 사용하는 프리미어 프로의 화면 구성을 살펴보자.

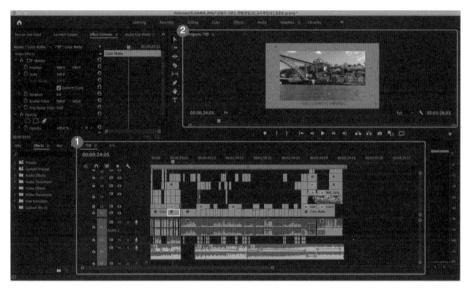

▲ 영상, 음악, 자막 등의 파일들을 올려놓는 공간을 ❶ 타임라인 패널이라고 한다. 거기에 영상과 음악, 자막 등의 소스를 배치하면 ❷ 미리 보기 패널에서 소스가 조합된 결과물을 미리 볼 수 있다. 타임라인을 확대하면 아래와 같다.

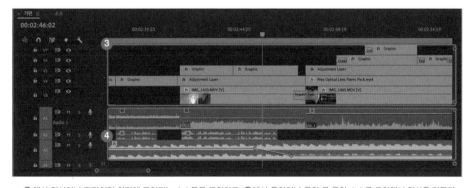

▲ ❸에서 영상이나 자막처럼 화면에 표현되는 소스들을 조합하고, ❹에서 음향이나 음악 등 음향 소스를 조합해서 영상을 만든다.

이 컴퓨터 편집 프로그램 화면을 이해하지 못해도 된다. 다만 키네마스터의 화면 구성이 전문 프로그램과 유사해서, 보기에 편하고 편집의 기초를 익히는 데에도 유용하다는 설명을 위해 제시한 것이다. 이 책에서 키네마스터로 실습하는 까닭이다.

이제 본격적으로 키네마스터를 살펴보자.

▲ 키네마스터의 편집 프로그램은 타임라인과 편집 도구가 있는 미디어 패널이 분리되어 있다

키네마스터는 크게 네 부분으로 나뉘어 있다.

① **미리 보기 화면** : 결과물을 미리 보는 창. 프로젝트의 영상이 편집되는 과정을 바로 확인하고 재생해볼 수 있다.

② **타임라인 패널** : 편집 소스를 배열하는 스케치북. 원본 영상을 이곳으로 불러와 자르거나 다른 영상과 연결한다. 효과를 줄 위치를 지정하거나 길이를 조정하는 등 이곳에서 직접 영상을 만져가며 작업한다.

③ **미디어 패널** : 편집 도구함. 이 미디어 패널을 통해 타임라인에 영상을 불러올 수 있다. 영상을 자르는 가위, 소리의 크기를 조정하는 창 등 편집을 지원하는 도구들이 이곳에 모여 있다.

④ **액션 바** : 방금 한 실행을 취소하거나 되돌리는 버튼, 도움말, 프로젝트 설정, 타임라인을 수직으로 확장하는 기능 등의 버튼이 모여 있다.

키네마스터를 자세히 들여다보자. 당장 편집이 급하다면 다음 장으로 넘어가도 좋다.
편집에 돌입하다가 모르는 기능이 생겼을 때 이곳으로 돌아와 찾아보는 용도로 활용
하자.

🎞 미디어 브라우저

미디어 패널에서 '미디어' 버튼을 터치하면 영상을 불러올 수 있는 미디어 브라
우저로 연결된다.

1_ 미디어 패널에서 '미디어'를 터치하면 영상 소스를 불러올 수 있다.

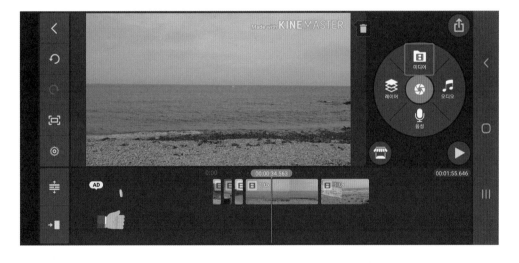

2_ 스마트폰 갤러리 앱과 연동되어 폴더별로 사진과 영상이 담겨 있다. 영상을 선택한 후 반드시 오른쪽 위에 체크(◉) 표시를 터치해야 편집기로 돌아간다.

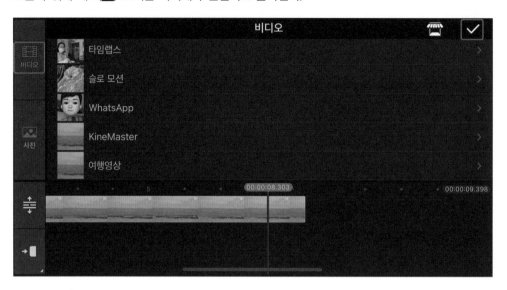

😀 레이어

레이어 버튼을 누르면 영상 위에 올릴 수 있는 다양한 소스 창이 나온다. 영상 위에 미디어, 효과, 오버레이, 텍스트, 손글씨를 입힐 수 있다. 각각의 효과는 플레이 헤드가 놓여있는 위치에 작용한다.

❶ 미디어 레이어 올리기 #영상 위에 영상

미디어를 올린다는 것은 영상 위에 또 다른 사진, 혹은 영상을 넣는다는 의미이다. 이때 삽입된 이미지는 크기를 자유자재로 변형하고 위치를 이동할 수 있다. 오른쪽에 인, 아웃 애니메이션을 통해 삽입한 이미지가 생겨나거나(인) 사라지는(아웃) 효과를 더할 수 있다.

1_ 먼저 미디어를 영상에 올려보자. 레이어 패널에서 '미디어' 아이콘을 터치한다. 영상 위에 레이어를 한 장 올리듯 레이어 창을 통해 위와 같은 효과들을 더할 수 있다.

2_ 플레이 헤드 지점에 미디어 레이어가 생성됐다. 이 미디어 레이어의 길이도 손으로 조정할 수 있다.

❷ 효과 레이어 올리기 #모자이크, 블러 입히기

1_ 영상 위에 특정한 효과를 더해보자. 레이어 패널에서 '효과' 아이콘을 터치한다.

2_ '더 받기'에서 특정한 효과를 내려받을 수 있다. 여기서는 기본 효과 중 모자이크를 선택했다.

3_ 영상 위에 모자이크 효과가 적용된다. 하늘색 바로 모자이크 지속 시간을 설정할 수 있고, 미리 보기 화면을 직접 터치해 모자이크 영역을 설정할 수 있다.

❸ 스티커 붙이기 #오버레이

1_ 영상 위에 스티커를 붙일 수 있다. 레이어 패널에서 '스티커' 아이콘을 터치한다.

2_ '스티커' 오른쪽에 집 모양 아이콘을 터치하면 더 많은 무료 스티커를 다운받을 수 있다. '기념일' 탭에서 '행복한 어린이날' 스티커를 받았다.

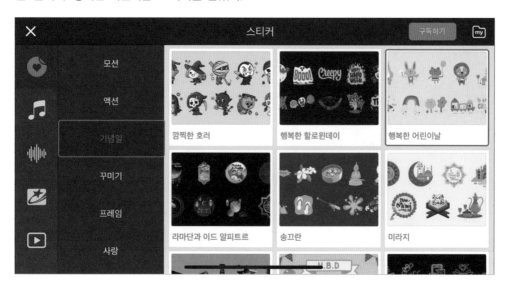

3_ 원하는 스티커를 터치하면 플레이 헤드가 놓인 위치에 스티커 레이어가 생성된다. 미리보기 화면을 터치하며 스티커의 크기와 위치를 조정한다.

❹ 텍스트 레이어 올리기 #자막 더하기

1_ '텍스트' 레이어로 영상 위에 자막을 더할 수 있다. 레이어 패널에서 '텍스트' 아이콘을 터치한다.

2_ 해당 영상에 넣을 자막을 입력한다.

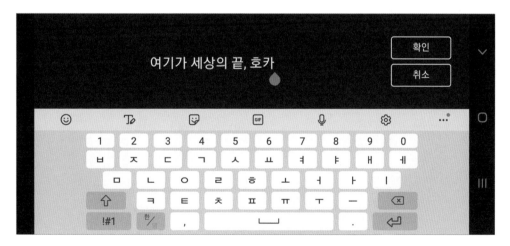

3_ 입력한 글자가 영상 위에 나타난다. 미리 보기 화면을 터치해 글자 크기나 위치를 조정할 수 있다. 오른쪽 기능을 통해 글자에 효과를 더할 수 있다. 글자에 효과를 넣는 방법은 "눈에 띄는 자막 만들기"(160p) 편에서 확인한다.

⑤ 손글씨 레이어 올리기 #영상에 손글씨 쓰기

1_ 영상 위에 손글씨를 쓸 수 있다. 레이어 패널에서 '손글씨' 아이콘을 터치한다.

2_ 갤럭시 노트펜을 활용해서 글씨를 썼다. 화면 위에 손가락으로도 글씨를 쓸 수 있다.

3_ 타임라인에 손글씨 레이어가 생성되면, 손글씨가 점선에 둘러싸이며 편집이 활성화된다. 이제 손글씨의 크기와 위치를 조정할 수 있다.

🎵 오디오

오디오 패널을 활용해 영상에 음악을 더할 수 있다.

1_ 음악이 들어가기 원하는 곳에 플레이 헤드를 놓은 후 '오디오' 탭을 터치한다.

2_ 무료 음악이나 무료 효과음을 내려받을 수 있다.

3_ 장르별로 분류된 무료 음악을 선택해 '다운로드' 버튼을 터치한다. 편집기로 돌아가려면 상단의 ⊠를 터치한다.

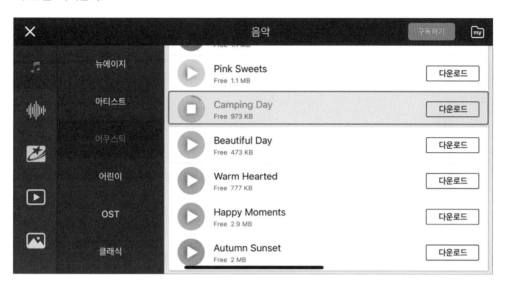

4_ 영상 아래쪽에 초록색 음악 레이어가 추가됐다. 음량을 줄이거나 음악에 효과를 줄 수 있다. 음악의 크기를 조정하거나 효과를 주는 방법은 "음향 조절하기"(179p) 편에서 살펴본다.

음성

영상 위에 내 목소리로 내레이션을 입힐 수 있다.

1_ 미디어 패널의 '음성' 버튼을 터치한다. 영상 위에 내 목소리로 내레이션을 더해보자.

2_ 음성 녹음을 하려면 마이크 접근 권한을 허용해야 한다.

3_ '녹음 중' 버튼과 함께 내 목소리가 스마트폰 스피커를 통해 녹음된다. 녹음이 끝나면 [정지] 버튼을 터치한다.

4_ 녹음을 마치고 나면 영상 아래쪽에 녹음파일 레이어가 생성된다. 이 보라색 레이어를 꾹 눌러서 타임라인 앞뒤로 원하는 위치에 이동할 수 있다.

04 편집의 순서

촬영한 영상이 재료라면, 편집은 그럴듯한 요리를 만드는 행위이다. 내 스마트폰의 사진과 영상이 담겨 있는 갤러리 앱을 열어보자. 찍어만 두고 찾아보지 않는 영상, 딱히 쓸 일은 없지만 지워버리기 아까운 영상이 있지는 않은가? 그런 영상을 재료 삼아 나만의 요리로 편집해 완성해보자.

리듬감 있는 편집, 재치 있는 자막 하나로도 자꾸 보고 싶어지는 영상을 만들 수 있다. 영상을 친구나 가족에게 공유하거나, 유튜브에 올려보자. 나 혼자 간직해도 상관없다. 확실한 것은 영상을 편집해두면 날것으로 저장해두었을 때보다 훨씬 자주 꺼내 보게 될 것이다. 편집으로 완성하는 순간, 그 영상은 나만의 콘텐츠가 되기 때문이다.

영상을 편집하는 순서는 아래와 같다. 여기서는 각 내용을 간략하게 살펴보고, 본격적으로 영상 제작 실습을 해보자.

> **OK 컷 고르기 → 컷 편집하기 → 자막, 음향 입히기 → 출력하기**

❶ OK 컷 고르기

편집을 시작하기에 앞서 갤러리 앱에 들어가 내가 찍어둔 영상을 점검해보자. 어떤 영상을 편집할 것인지, 중복되거나 잘못 촬영된 영상은 없는지 확인한다. 기기를 다루는 데 조금 더 능숙하다면, 사진 앨범에 폴더를 하나 만들어 이번에 편집에 쓸 영상만 따로 모아두는 것도 방법이다.

편집기에서 영상을 불러올 때 정리하지 않은 영상을 한꺼번에 쏟아놓으면 편집하기 어렵다. 예를 들어, 바닷가에 놀러 간 여행 영상을 편집하겠다고 생각했으면, 그 영상들이 어느 위치에 모여 있는지, 촬영된 영상 중 어떤 영상을 활용할 것인지, 첫 장면은 어떤 영상으로 시작할지 촬영한 영상을 보며 생각한다. 얼마든지 바뀔 수 있는 내용이니 대략 머릿속에서 정리가 됐다면, 이제 편집 앱을 열어보자.

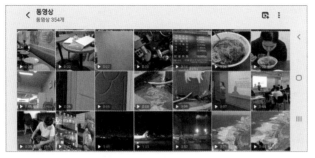

▲ 사진 앱에 들어가서 편집하고 싶은 영상을 골라보자.

🕹 갤럭시 스마트폰에서 '영상 편집용' 폴더 만들기

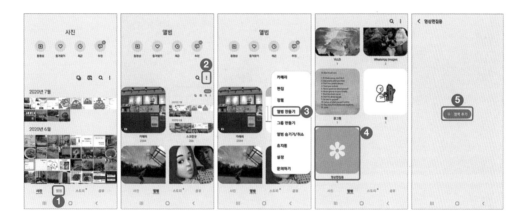

① 갤러리에 들어가 하단의 앨범을 터치한다.

② 앨범 폴더 위에 세로로 점 세 개가 그려진 아이콘을 터치한다.

③ '앨범 만들기'를 선택하고 폴더 이름을 지정한다. 여기서는 '영상편집용'이라고 이름 붙였다.

④ 앨범의 폴더를 쭉 아래로 내려 보면, 가장 밑에 '영상편집용'이라는 빈 폴더가 있다.

⑤ '항목 추가' 버튼을 터치하면 갤러리에서 원하는 사진, 영상을 골라서 불러올 수 있다.

> **TIP** | 편집에 쓸 사진과 영상을 따로 모아놓으면, 편집 앱에서 필요한 영상과 사진을 쉽게 찾을 수 있다.

📷 아이폰에서 '영상편집용' 폴더 만들기

① 사진 앱 하단의 '앨범'을 터치한 후 ② '전체보기'를 터치한다.

③ 우측 상단의 '편집'을 터치하면, 좌측 상단의 '앨범'이 '+' 기호로 바뀐다.

④ '+'를 터치하면 '새로운 앨범'을 생성할 수 있다.

⑤ 폴더 이름을 지정하고 '저장'한다. 해당 폴더 안에 원하는 영상을 골라 넣을 수 있다.

⑥ 모든 작업이 완료되면 우측 상단의 '완료'를 터치한다.

❷ 컷 편집하기

편집기에서 편집할 영상을 불러올 차례다. 영상이 순서대로 나열되는 공간을 타임라인이라고 한다. 이때 영상을 한꺼번에 전부 불러올 필요는 없다. 처음에 시작할 영상을 우선 불러오고, 길이를 조정한 후에 그 다음에 이어질 영상을 선택해 불러온다.

작업 도중 마음에 들지 않으면 바로 영상 순서를 바꿀 수도 있다. 영상을 이렇게 붙였다 저렇게 붙였다 여러 번 만져보면서 편집한다.

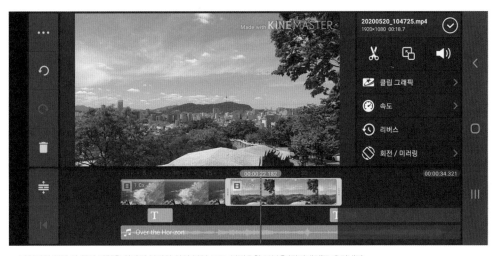

▲ 타임라인 위에 각 영상 파일을 하나씩 불러와 이어 붙여 보고, 불필요한 부분은 '잘라내기'로 오려낸다.

촬영된 영상 전체를 쓸 필요는 없다. 편집이란, 써야 할 부분만 오려내고 쓸모없는 부분은 잘라내는 행위이다. 영상이 너무 흔들려서 쓰기 어려운 부분이 있다면 그 앞부분을 잘라낸 후 이어 붙이면 된다.

이렇게 내가 찍은 영상 중에서 쓰고 싶은 부분만 잘라내서 연결하고, 전달하고 싶은 이야기의 흐름대로 영상의 순서를 배치하는 것이 컷 편집이다.

▲ 영상이 흔들렸거나, 소음이 들어갔거나, 의도치 않게 촬영된 불필요한 부분은 잘라내고, 필요한 부분만 남겨서 이어 붙인다.

❸ 자막, 음향 입히기

컷 편집만 해서 영상을 완성할 수도 있지만, 자막과 음향을 더해서 영상의 재미를 더할 수도 있다. 스마트폰 앱은 무료 폰트나 자막 템플릿을 제공한다. 다양한 폰트와 자막 템플릿을 활용해서 자막을 넣어본다. 영상의 모든 부분에 자막을 입힐 수도 있고, 강조하고 싶은 부분에만 자막을 넣을 수도 있다.

▲ 무료 폰트(나눔손글씨 왼손잡이)를 내려받아 크기와 위치를 지정한 후, 음악은 초록색 레이어로 설정했다. 타임라인 패널에서 자막, 음악 레이어를 원하는 위치와 길이를 조절할 수 있다.

꼭 영상의 시작부터 음악이 들어가야 하는 것은 아니다. 필요한 부분에 효과적으로 음악을 사용하기 위해 음악이 언제 들어가면 좋을지, 어떻게 들어가면 좋을지(조용히 시작해서 점점 커지게, 처음부터 영상과 함께 신나게 시작하기 등) 생각한다. 상황을 강조하고 싶을 때는 자막뿐 아니라 효과음을 사용할 수도 있다. 자유롭게 넣었다 뺄 수 있으므로 다양하게 시도해본다.

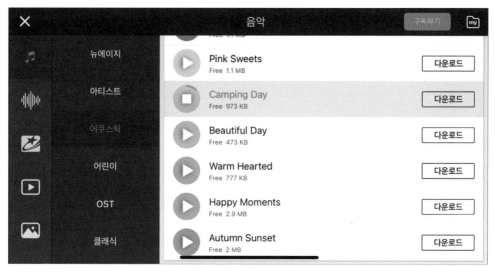

▲ 다양한 장르의 음악을 무료로 제공하고 있으니, 직접 들어보고 영상의 분위기를 한껏 살려줄 음악을 골라보자.

❹ 출력하기

편집이 끝났다면 영상을 갤러리 앱에서 볼 수 있도록 출력한다. 이때 영상의 활용도를 한 번 생각한다. 스마트폰에서 재생하거나 전송하고, 스마트폰에서만 즐길 예정이라면 굳이 용량이 큰 화면으로 출력할 필요가 없다.

① 원하는 해상도와 프레임 레이트를 설정해서 출력할 수 있다.

② 화질을 낮거나 높게 설정하고, 그에 따라 얼마나 공간을 차지하는지 알 수 있다.

③ '비디오로 저장' 버튼을 터치하면 영상이 출력된다.

④ 오른쪽에 영상이 출력되면 재생, 공유, 휴지통 버튼을 선택해서 결과물을 이동시킬 수 있다.

    만약 유튜브에 올리거나 큰 화면으로 즐길 예정이라면 최대한 선명하고 좋은 화질로 볼 수 있도록 용량이 큰 포맷으로 출력해야 한다. 상황에 따라 설정을 달리하여 영상을 출력할 수 있다. 출력된 영상은 즉시 바로 공유하거나, 내 스마트폰의 갤러리 앱에서 확인할 수 있다.

05 짧은 영상 편집하기

    무엇을 찍을지 정했고, 촬영까지 마쳤다. 편집을 어떻게 시작해야 할지 막막하다면, 우선 '한 줄 문장 만들기'부터 해보자. 영상으로 표현해보고 싶은 딱 한 줄의 문장을 떠올리면 된다. 한 줄 문장 편집으로 영상을 편집하는 기본을 익혀보자.

    여기서는 '나는 바다에 갔다'를 한 줄 문장으로 만들었다. 여기에 필요한 그림은 무엇일까? 어떤 식으로 영상을 구성하면 좋을지 생각한다. 우선 바다에 가는 장면과 바다 풍경이 필요할 것이다.

    이 문장에 조금 더 살을 붙여 영상으로 표현할 구체적인 상황을 만들어보자.

    "차가 많아서 가는 길이 막혔지만, 바다에 도착하니 시원해서 기분이 좋았다." 이 정도면 짧은 영상으로 만들기에 충분하다.

❶ 영상 편집에 쓸 OK 컷 고르기

    사진첩에 '바다 영상' 폴더를 만들어서 편집에 사용할 영상을 여기에 모아뒀다. 굳이 폴더를 만들지 않더라도 영상의 섬네일이나 위치를 기억해 두면 좋다.

▲ 갤러리에 폴더를 만드는 방법은 [**04** 편집의 순서를 알아보자 〉 OK 컷 고르기](123p)에서 살펴보자.

❷ 영상 불러오기

1_ 키네마스터 앱을 실행한다.

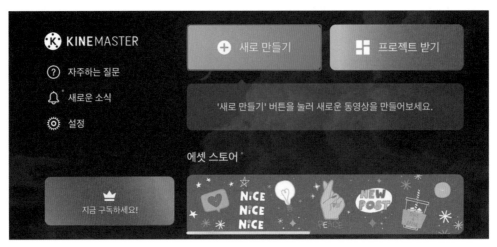

▲ 편집기를 실행하면 나오는 첫 화면이다. '새로 만들기'를 터치하면 새 프로젝트가 시작된다.

2_ 프로젝트의 이름을 정하고, 화면 비율은 16:9로 설정한다.

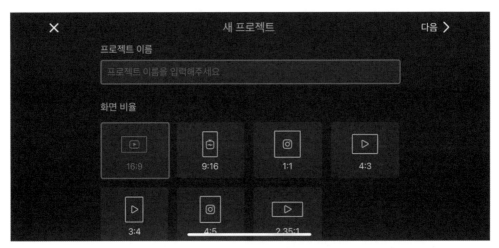

▲ 인스타그램 용이라면 1:1, 세로로 볼 화면이라면 9:16, 특별한 이유가 없다면 가장 보편적으로 쓰이는 16:9 크기를 선택한다.

3_ 미디어 브라우저가 열리면 필요한 영상이 담겨 있는 폴더를 찾으면 된다. 따로 폴더에 담아둔 영상을 선택하면, 아래쪽 타임라인에 바로 적용된다.

▲ 미리 설정해놓은 '바다 영상' 폴더를 클릭하면 전에 모아둔 영상을 쉽게 불러올 수 있다.

4_ 항상 작업을 완료한 후에는 오른쪽 위에 체크(⊙) 표시를 터치하여 편집기로 돌아간다.

TIP | 비디오와 사진을 구분해서 올리기

사진 앱에는 비디오와 사진이 찍힌 순서대로 섞여 있지만, 키네마스터의 미디어 브라우저에는 비디오와 사진이 탭으로 분류되어 있다.

▲ 편집에 사용할 비디오와 사진을 미리 폴더 안에 정리해두면 빠르게 작업할 수 있다.

❸ 영상의 길이를 조정하기

차가 막히는 영상의 길이는 길어봤자 답답함만 커진다. 필요한 만큼 짧게 영상을 잘라보자. 영상의 길이를 조정하는 방법은 두 가지가 있다.

1_ 타임라인의 영상을 직접 터치해서 길이를 줄이고 늘릴 수 있다. 영상을 터치하면 영상 파일이 노랗게 활성화되고, 이때 편집을 할 수 있다. 손으로 가장자리를 잘라낼 수 있지만, 원본 길이를 초과하여 늘릴 수는 없다.

▲ 타임라인 위의 영상 파일을 터치하면 노랗게 활성화된다. 이때 길이를 조정할 수 있다.

2_ 영상을 터치하면 미디어 패널에 가위 등의 도구가 나타난다. 가위 버튼을 터치하면 원하는 설정에 맞춰 영상을 잘라낼 수 있다. 손으로 길이를 조절하는 것보다 세심한 조절이 가능하다.

▲ 영상을 터치하면 미디어 패널이 편집 도구 창으로 바뀐다. 영상을 트림(잘라내기)하거나 분할(반으로 나누기)할 수 있다.

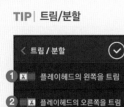

TIP | 트림/분할

< 트림 / 분할 ⊘

1 ▣ 플레이헤드의 왼쪽을 트림
2 ▣ 플레이헤드의 오른쪽을 트림
3 ▣ 플레이헤드에서 분할
4 ▣ 정지화면 분할 및 삽입

① 타임라인 영상 위에 놓인 빨간 선이 플레이 헤드이다. 플레이 헤드의 왼쪽이 제거된다.

② 플레이 헤드의 오른쪽 영상이 제거된다.

③ 영상이 제거되지 않고, 플레이 헤드를 기준으로 영상이 반으로 나뉜다.

④ 플레이 헤드를 기준으로 영상이 반으로 나뉘면서, 플레이 헤드가 놓인 화면이 정지된 이미지로 중간에 삽입된다.

🎞 타임라인에 올린 영상을 삭제해보자

1_ 삭제하고 싶은 영상을 손으로 터치하면 노란색 바가 활성화된다.

▲ 노란색 바가 활성화됐을 때 편집이 가능하고, 여백을 터치하면 노란색 바가 사라지며 비활성화된다.

2_ 왼쪽 액션 바에서 휴지통 버튼을 터치한다.

▲ 영상이 노랗게 활성화되면 왼쪽 액션 바에 휴지통 버튼이 생긴다.

3_ 영상이 지워지면서 뒤에 있던 영상이 자동으로 앞으로 붙는다.

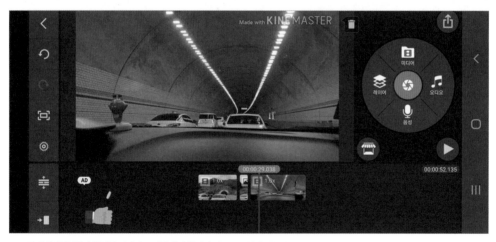

▲ 노랗게 활성화되었던 영상이 사라지고, 뒤에 있던 영상이 자동으로 앞에 붙는다.

🎮 타임라인의 영상의 순서를 바꿔보자

터널 바깥에서 찍은 영상과 안에서 찍은 영상이 타임라인에 이어져 있다. 이번에는 이 두 영상의 순서를 바꾸어 보자. 옮기고 싶은 영상을 아예 삭제하고, 영상 앞뒤에 새로 영상을 불러들일 수도 있지만 타임라인 내에서도 파일을 이동할 수 있다.

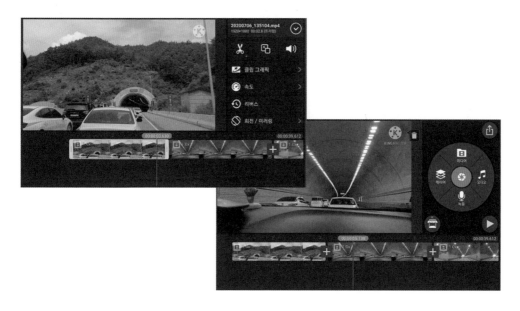

1_ 터널 밖에서 촬영한 영상을 뒤로 옮겨보자. 옮기려는 영상을 손가락으로 꾹 누르고 있으면, 영상이 화면에서 조금 튀어 오른다. 이때 영상 파일을 이동할 수 있다.

▲ 옮기고자 하는 영상을 2초간 터치하면, 타임라인 위로 해당 영상이 툭 튀어오르는 것을 볼 수 있다.

2_ 터널 밖에서 촬영한 영상을 원하는 위치에 끼워 넣자. 영상 클립이 원하는 위치에 삽입될 때까지 파일에서 손가락을 떼지 않는다.

▲ 터널 밖에서 촬영한 영상이 뒤쪽으로 이동하면서 삽입됐다. 이런 식으로 타임라인 내에서 파일의 위치를 옮길 수 있다.

❹ 음악을 더해보기

필요한 만큼 영상을 배치하고 길이를 조정했다면, 이제 음악과 자막을 입혀보자. 어떤 것을 먼저 해도 상관없지만, 음악이 더해지면 영상의 분위기가 한껏 올라가고 리듬감이 생기므로, 음악을 깔고 그 리듬에 맞춰 영상을 다시 조정한다.

1_ 미디어 패널에서 오디오 버튼을 터치한다.

▲ 타임라인에 올릴 영상, 음악, 자막 소스는 미디어 패널에 다 모여 있다.

2_ 오디오 브라우저가 화면에 뜬다. '음악 에셋'에서는 무료 음악을, '효과음 에셋'에서는 무료 효과음을 다운받을 수 있다. '녹음'은 목소리를 녹음해서 입히는 기능이고, '곡' 버튼을 터치하면 내 스마트폰 속에 저장된 음악이 나온다. '음악 에셋'을 선택하고 음악 받기 버튼을 터치한다.

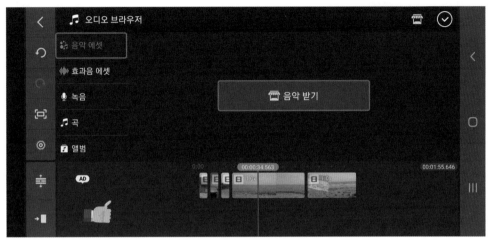

▲ 음악도 효과음도 같은 방법으로 내려받을 수 있다.

3_ 음악 리스트를 보면, 제목 아래에 빨간색으로 '프리미엄'이라고 쓰여 있는 것은 유료 구독회원만 사용할 수 있다. '무료'라고 쓰인 항목 중에도 쓸 만한 음악이 많으니, 무료로 다운받을 수 있는 음악을 골라 오른쪽에 다운로드 버튼을 터치한다. 여기서는 'summer plans'라는 곡을 다운로드해 설치했다.

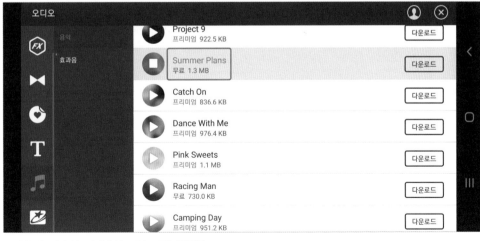

▲ 음악 제목 아래에 '프리미엄'과 '무료'라고 구분되어 있다.

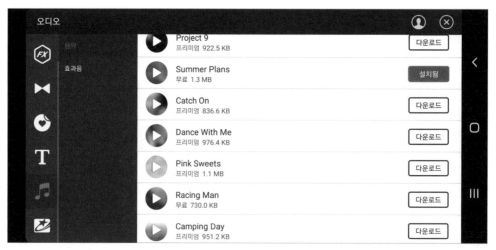

▲ 다운로드 버튼을 터치하면 스마트폰에 음악이 다운로드 된다.

4_ 오른쪽 위의 엑스 버튼을 터치하고, 오디오 브라우저로 돌아와 다운로드 받은 음악을 확인한다. 음악을 선택하면 타임라인에 더할 수 있도록 추가(+) 버튼이 생긴다. 추가(+) 버튼을 터치하면 타임라인에 음악 레이어가 삽입된다.

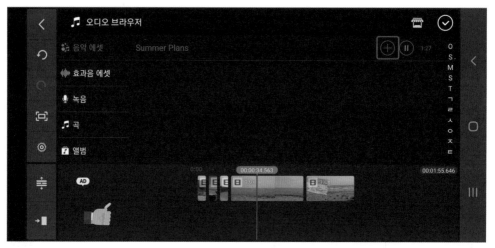

▲ 음악을 터치하면 오른쪽에 추가(+) 버튼이 생긴다. 음악을 미리 들어보거나, 타임라인에 음악을 추가할 수 있다.

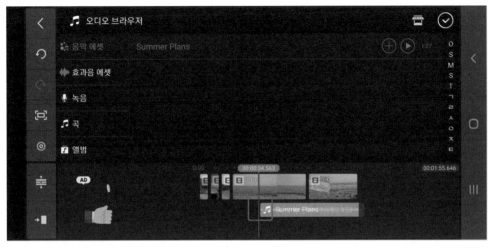

▲ 음악은 플레이 헤드가 위치한 그 자리에 삽입된다.

5_ 영상이 시작되자마자 음악이 흐를 수 있도록 레이어를 영상 맨 앞으로 가져오자. 초록색 음악 레이어를 꾹 누른 후에 앞으로 끌어오면 된다. 음악의 앞부분과 뒷부분을 손가락으로 길이를 조정할 수 있다. 만약 다시 영상 중간에 음악을 넣고 싶다면, 지금 타임라인에 놓인 음악 레이어를 삭제한 후에 플레이 헤드를 원하는 위치로 옮기고 음악을 새로 불러오는 게 편하다.

▲ 음악 레이어를 영상 맨 앞으로 가져왔다. 영상이 시작하면서 음악이 나온다.

⑤ 자막을 더해보기

1_ 자막을 올리고 싶은 영상 위치에 플레이 헤드를 놓고 미디어 패널에서 '텍스트' 버튼을 터치한다.

▲ 효과를 주고 싶은 위치에 플레이 헤드를 놓는 게 항상 첫 번째 순서다.

2_ 텍스트 상자가 나오면 원하는 자막을 입력하고 확인 버튼을 터치한다.

▲ 자막은 영상에 맞게 분위기를 느낄 수 있는 문장으로 입력해보자.

3_ 입력한 글자가 영상 위에 삽입됐다. 노란색 자막 박스도 플레이 헤드를 놓은 위치에 생겼다. 점선으로 둘러싸인 자막은 손으로 직접 크기를 조정하거나 자막의 위치를 조정할 수 있다.

▲ 노란색 자막 레이어가 활성화되면 자막이 점선으로 둘러싸인다. 이때 크기나 위치를 자유자재로 조정할 수 있다.

4_ 원하는 위치, 원하는 크기로 자막을 조정하고, 타임라인의 다른 곳을 터치하면 위치가 고정된다. 노란색 자막 레이어를 터치하면 다시 편집이 활성화되고, 언제든지 수정할 수 있다.

▲ 타임라인의 빈 공간을 터치하면 자막 레이어가 비활성화되면서 자막이 고정된다.

⑥ 완성된 영상 출력해보기

1_ 편집이 끝났다면 오른쪽 위에 있는 '내보내기' 버튼을 터치한다.

▲ '내보내기'를 적용하면 영상 출력값을 설정하는 화면으로 넘어간다.

2_ 스마트폰에서 재생할 영상이므로 해상도는 FHD 1080p를 선택한다.
화질도 선택할 수 있는데, 아래에 계산되는 용량에 맞게 낮음에서 높음 사이를 선택하면 된다. 비트레이트는 초당 데이터 전송률이다. 보통 FHD 1080p 크기에 10~15Mbps 정도를 권장한다. 직접 낮게 또는 높게 출력해보면서 화질을 비교해본다.

▲ 스마트폰 용량이나 영상의 쓰임새에 맞게 화질을 설정해보자.

3_ 내보내기 버튼을 터치하면 프리미엄 가입 권유 메시지가 나온다. 자주 활용할 프로그램이라면 가입하거나, 7일 무료 체험을 할 수 있다. 원하지 않으면 오른쪽 상단의 건너뛰기를 터치한다.

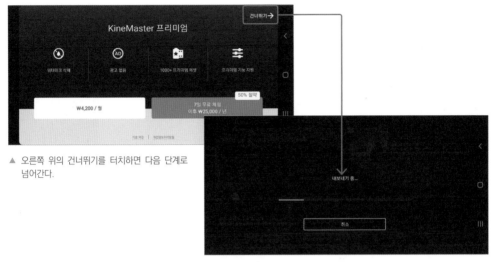

▲ 오른쪽 위의 건너뛰기를 터치하면 다음 단계로 넘어간다.

▲ 편집한 내용이 하나의 영상 파일로 내보내진다.

4_ 완성된 영상은 자동으로 갤러리에 저장된다. 이 영상을 바로 카카오톡이나 유튜브에 공유할 수 있다.

▲ 편집한 파일이 완성됐다. 프로젝트 제목은 작업 후에도 변경할 수 있다.

▲ 완성된 영상을 바로 원하는 채널에 공유할 수 있다.

▲ 갤러리에서 편집한 내용이 반영된 영상 파일이 저장된 것을 확인할 수 있다.

06 | 느낌을 살려 화면 전환하기

기본 편집을 어느 정도 익혔다면 이제 앱에서 제공하는 다양한 기능을 활용해 영상에 맛을 더해보자.

> **TIP** | 지나친 효과는 과유불급이다! 꼭 필요한 곳에 효과를 주는 것은 눈을 사로잡지만, 여기저기 효과를 남발하면 오히려 지저분하고 어설픈 느낌의 영상이 완성된다. 효과가 적당한가? 영상에 효과를 삽입할 때는 이 점을 명심할 것!

👾 편집 미션 : 출근길 지하철을 타고 가는 길에 촬영한 영상을 자연스럽게 편집해보자.
(열차 밖에서 보이던 창문과 열차 안에서 촬영한 창문을 자연스럽게 연결할 수 있을까?)

①, ② 플랫폼에 열차가 들어온다.
③ 열차 안에 사람들이 보인다.
④ 열차에 올라타 창문을 보며 출근을 하는 장면이다.

❶ 촬영한 컷을 적당한 길이로 조정하기

촬영한 영상을 전부 쓸 게 아니므로, 해당 영상을 터치해 노랗게 활성화한 후 오른쪽 위의 가위 아이콘을 선택해서 뒷부분(플레이 헤드의 오른쪽)을 삭제한다. 혹은 파일의 끝부분을 손가락으로 늘렸다 줄였다 움직여가며 조정할 수도 있다.

▲ 가위 아이콘을 터치하면 영상의 앞, 뒤를 잘라내거나 클립을 반으로 쪼갤 수 있다.

▲ 영상의 끝부분을 터치하면, 촬영한 원본 내의 길이에서 영상을 늘리거나 줄일 수 있다.

❷ 영상과 영상 사이에 효과 넣기

모든 영상과 영상 클립에 효과를 넣을 필요는 없다. 장면과 다음 장면의 연결이 부자연스럽거나 혹은 효과를 주어 강조하고 싶을 때 장면 전환 효과를 사용할 수 있다.

우선 노랗게 활성화된 영상 클립을 비활성화시키자. 편집기의 여백을 터치하면 노란 띠가 사라진다. 그리고 타임라인을 보면 영상 클립과 클립 사이에 더하기(+) 버튼이 보인다. ╋ 버튼을 터치하면 영상 사이에 효과를 삽입할 수 있다.

▲ 영상과 영상 사이에 있는 더하기(+) 버튼을 터치하면 적용할 수 있는 효과 창이 뜬다.

❸ 다양한 장면 전환 효과 적용해보기

영상과 영상 사이에 장면 전환 효과를 넣어 영상을 더욱 재미있게 만들 수 있다.

▲ '장면 전환'을 선택하면 다양한 장면 전환 효과들이 보인다.

이 중에서 장면 전환용으로 무난하게 추천할 만한 것은 '대표 장면 전환 효과' 탭에 있는 '줌 아웃'이다.

▲ 줌 아웃은 피사체가 점점 화면에서 멀어지면서 대상이 작게 보이는 효과다.

앞의 클립의 끝부분과 뒤의 클립의 앞부분이 자연스럽게 흐릿해지면서 교차한다. 앞 클립의 창문과 뒤 클립의 창문이 장면 전환 효과를 통해 자연스럽게 겹쳐지면서 컷이 넘어간다.

▲ 줌 아웃 장면 전환을 통해 앞 영상의 유리창과 뒤 영상의 유리창이 흔들리면서 자연스럽게 겹쳐진다.

그 밖에도 장면 전환 효과 탭에서 다양한 효과를 적용해볼 수 있다.

▲ '여행 및 활동' 효과를 선택하면 구름과 비행기 모양의 이미지가 나타나면서 장면이 전환된다.

▲ '프레젠테이션' 효과를 선택하면 프레젠테이션 슬라이드가 넘어가듯 장면이 전환된다.

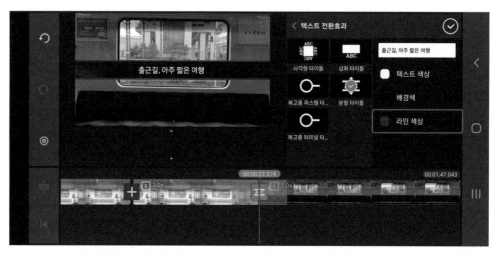

▲ '텍스트 전환 효과'를 선택하면 텍스트가 등장하면서 장면이 전환된다. 테두리 라인을 지하철 의자와 같은 파란색으로 적용했다.

TIP | 유튜브 영상에서 자주 볼 수 있는 워프 전환 효과

이 효과는 프리미엄에서만 적용된다. 장면 전환 탭 아래에 집 모양 버튼을 선택하면, 더 많은 장면 전환 효과를 내려받을 수 있다. 다양한 장면 전환 효과를 무료로 활용할 수 있으니 영상 분위기에 어울리는 효과를 찾아 적용해 보자.

장면 전환 효과 중 '스피디 워프' 효과를 내려받아보자. 스피디 워프 효과를 적용하면, 공간이동을 하는 것처럼 화면이 특정 방향으로 비틀어지며 화면이 전환된다. 이미지가 비틀어지는 방향도 직접 지정할 수 있다.

▲ 장면 전환 탭에서 '스피디 워프' 효과를 선택한 모습이다.

▲ 장면 전환 폴더에 '스피디 워프' 효과가 추가됐다. 장면이 전환될 때 왜곡되는 방향을 설정할 수 있다.

▲ '스피디 워프' 전환 효과가 적용된 화면. 지하철 밖에서 안으로 갑자기 점프한 듯한 느낌이다.

TIP | 추천하고 싶은 장면 전환 효과

리마인드 씬 효과

장면이 전환되는 순간에 파스텔 색조 필터가 입혀지는데 색 전환이 감각적이다. 귀엽고 사랑스러운 장면전환 시에 유용한 효과이다.

픽셀 스와이프 효과

빠른 속도감과 함께 장면이 전환된다. 속도감을 강조하고 싶을 때 유용하게 쓸 수 있다.

스케치 전환 효과

장면이 넘어갈 때 마지막 컷 이미지가 수채화처럼 변환된다. 풍경을 전환할 때 더욱 그림처럼 보인다.

VHS 레트로 효과

장면 전환 시 옛날 필름처럼 세련된 복고풍 효과가 적용된다.

이번에는 영상의 색감을 조정해 원하는 느낌을 더해보자. 각각의 영상 클립이 자연스럽게 연결될 수 있도록 영상의 밝기도 자연스럽게 조정해보자.

1_ 조정할 클립을 선택해 영상 클립을 노랗게 활성화한다.

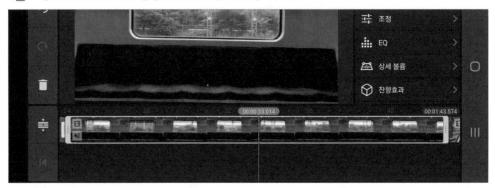

2_ 오른쪽 위의 도구 메뉴를 아래로 내려 보면 필터와 조정 메뉴가 있다.

▲ 색감, 밝기는 하나의 클립 단위로 가능하다. 밝기, 색감을 바꾸고 싶은 클립의 길이를 우선 조정한다.

3_ 먼저 필터를 넣어보자. 기본, 따뜻한, 차가운, 선명한 등의 카테고리에서 사진 필터처럼 다양한 영상 필터를 선택할 수 있다.

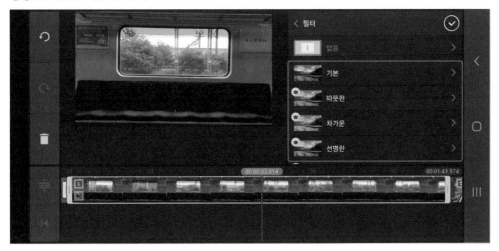

▲ 원본 영상이므로 처음에는 필터 '없음'으로 설정되어 있다. 각 카테고리 필터를 터치하며 마음에 드는 필터를 골라보자.

영상을 살짝 밝게 하면서, 창밖의 나무색의 채도도 적당히 높여주는 B09 필터를 선택했다.

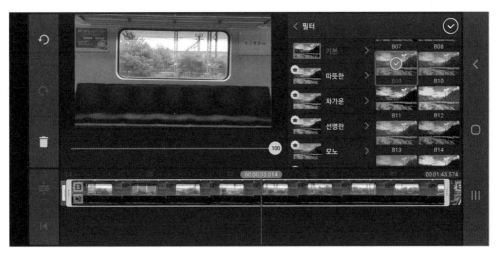

▲ 각 필터를 터치해보면 왼쪽 위의 미리 보기 화면에서 적용된 이미지를 확인할 수 있다.

TIP | 이 필터가 유용하다!

필터에서 유용하게 쓸 만한 효과는 모노 효과와 흐림 효과다.

모노 효과는 말 그대로 영상을 무채색으로 전환한다. 흑백 영상으로 만들고 싶다면, 모노 효과를 사용해보자. 회상 장면이나 과거 영상 느낌을 내는 데 유용한 필터다.

▲ '모노' 필터를 적용하면 흑백 영상을 만들 수 있다.

흐린 효과는 영상의 채도를 낮춰 색감을 한층 차분하게 만든다. 감성적인 느낌의 영상을 제작할 때, 흐림 효과를 적절히 활용해보자.

▲ '흐린' 효과를 적용하면 영상에 차분한 분위기를 얹을 수 있다.

▲ '흐린' 효과를 적용한 영상. 채도가 한층 낮아졌다.

5_ 직접 영상의 밝기나 대비 등을 조절할 수 있다. 이번에는 '조정' 탭을 터치해보자.

▲ 조정 탭에서는 밝기, 대비, 채도, 활기 등을 직접 조정할 수 있다.

6_ 손으로 슬라이드를 좌우로 조금씩 움직이며 밝기, 채도 등을 조정해보자. 왼쪽 미리 보기 화면에 바로 적용되므로 미세한 차이를 확인하면서 조정한다. 조정 작업을 마치면 오른쪽 위의 체크 표시를 터치해 메인 화면으로 돌아간다.

▲ 손으로 직접 한 스텝씩 좌우로 움직여보며 화면의 밝기를 조정해보자.

08 영상 속도 바꾸기

차창 밖으로 보이는 풍경을 쭉 보여주고 싶은데 다 보여주기엔 너무 길다면, 차창의 풍경이 빠르게 지나갈 수 있도록 속도를 조절할 수 있다.

1_ 영상 클립을 터치해 노랗게 활성화한다.

2_ 오른쪽 위 도구 창에서 '속도' 폴더를 터치한다.

3_ 속도 폴더 창에서 원하는 속도를 선택해보자. 아래 '음소거' 탭을 활성화하면, 해당 클립이 재생될 때 현장음이 들리지 않는다. 빨리 감기는 소리가 그대로 나오게 하려면 음소거를 비활성화하면 된다.

▲ 해당 클립을 4배속으로 조정해서 영상의 길이가 줄어들었다. 노란 테두리가 빨갛게 바뀌며 효과가 적용됐다.

▲ 미리 보기 창이 끊겨 보이더라도 영상을 출력하면 지정한 배속으로 문제없이 재생된다는 안내 문구가 뜬다.

앞서 영상에 자막을 올리는 방법을 소개했다(140p, "자막을 더해보기" 참고). 이번에는 내가 원하는 대로 자막을 재미있게 꾸며보자. 영상과 잘 어우러지면서 눈에 띄는 자막을 만들어보자.

❶ 자막 폰트 바꾸기

1_ 자막을 넣고 싶은 곳에 빨간색 커서를 올려둔다.

2_ 미디어 패널에서 레이어를 선택하고, '텍스트' 탭을 터치한다.

▲ '텍스트'는 레이어 패널에 있다.

3_ 넣고 싶은 자막을 입력하고, 확인 버튼을 터치한다.

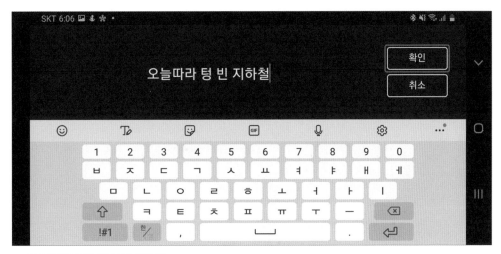

▲ 자막은 한 줄에 들어가도록 짧게 입력하자.

4_ 영상 위에 자막이 적용된 것을 확인할 수 있다.

▲ 아래 타임라인에 지정한 위치에 노란 자막 레이어가 생겨났다. 자막의 길이는 이 노란 레이어를 조정하면 된다.

5_ 이제 글자 폰트를 바꿔보자. 오른쪽 위에 폰트 도구 창을 터치한다. 오른쪽 위의 집 모양 아이콘을 터치하면 키네마스터에서 제공하는 자막 폰트를 내려받을 수 있다.

▲ 내가 가진 폰트를 볼 수 있는 폰트함이다. 한글 폰트는 한국어 탭에서 볼 수 있다.

▲ 여러 가지 글씨체 가운데 '가나초콜릿체'를 내려받았다.

6_ 내려받은 폰트가 내 폰트함 안에 나타난다. 한국어 탭에서 내려받은 폰트를 터치한다. 작업을 마치면 오른쪽 위의 체크 버튼을 터치해서 메인 화면으로 돌아간다.

▲ 내 폰트함에 '가나초콜릿체'가 추가됐다.

TIP | 자막 도구 창

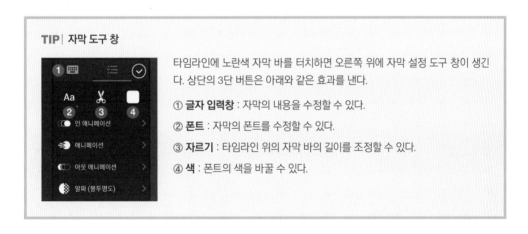

타임라인에 노란색 자막 바를 터치하면 오른쪽 위에 자막 설정 도구 창이 생긴다. 상단의 3단 버튼은 아래와 같은 효과를 낸다.

① **글자 입력창** : 자막의 내용을 수정할 수 있다.

② **폰트** : 자막의 폰트를 수정할 수 있다.

③ **자르기** : 타임라인 위의 자막 바의 길이를 조정할 수 있다.

④ **색** : 폰트의 색을 바꿀 수 있다.

② 자막에 효과 넣기

폰트 바꾸기로 글씨체를 변경했다면, 이제 이 글씨에 효과를 주자. 오른쪽 도구 창에서 필요한 효과를 선택하면 된다.

▲ 이 안에 자막을 꾸밀 수 있는 다양한 효과가 담겨 있다. 하나하나 눌러보며 직접 확인해보자.

1_ 윤곽선 : 자막이 선명하게 눈에 띄도록 윤곽선을 더할 수 있다. 도구 창에서 '윤곽선'을 터치한다.

▲ 이 도구 창을 기억해두자. 도구 창을 아래로 내려 보면 윤곽선, 그림자, 글로우 등의 효과를 추가할 수 있는 탭이 나온다.

▲ 미리 보기 화면을 보면서 윤곽선의 색깔과 적당한 굵기를 설정한다.

이네이블(Enable)은 동작이 실행되도록 상태를 전환하는 것이다. 이네이블을 체크하면 자막에 검은색 윤곽선이 생긴다. 윤곽선 색깔이나 두께를 원하는 대로 바꿀 수 있다. 작업을 마쳤으면 오른쪽 위에 체크 버튼을 터치해 메인 화면으로 돌아온다.

2_ 그림자 : 같은 방법으로 자막에 그림자를 더할 수 있다. 도구 창에서 '그림자' 탭을 터치하고 효과를 활성화(Enable)한다. 그림자의 색깔과 거리, 각도를 직접 조정할 수 있다.

▲ 자막 레이어로 아래 그림자가 반사된 것처럼 보이도록 설정했다.

▲ 자막 아래에 그림자가 생겨났다.

3_ 배경색 : 자막 아래에 옅은 배경색을 깔아보자. 배경이 너무 밝거나 어두울 때는 자막이 돋보이도록 배경색을 깔아두면 좋다. 도구 창에서 '배경색'을 선택하고 '배경색'을 활성화(Enable)하면 글자 뒤로 배경색이 깔린다. 색깔은 원하는 대로 변경할 수 있다.

▲ 배경색을 활성화(Enable)하고, 배경색 면적을 글자 수에 맞췄다. 글자 수에 딱 맞춰 반투명한 배경색이 생겨났다.

'화면 폭에 맞추기'를 선택하면 자막 뒤 배경색이 띠처럼 가로로 채워진다. 화면 폭에 맞추거나 글자 수에 맞추거나 취향껏 선택하면 된다.

▲ 배경색이 화면 폭에 맞춰졌다.

4_ 불투명도 : 자막의 투명도를 조정할 수 있다. 도구 창에서 '알파(불투명도)'를 터치한다.

손가락으로 직접 세로 막대를 움직이며 자막의 투명도를 조정한다.

▲ 세로 막대를 아래로 내릴수록 자막의 불투명도가 낮아지며 흐릿해진다.

5_ 혼합 : 자막을 영상과 혼합시켜 변형할 수 있다. 도구 창에서 혼합을 터치한다.

▲ '혼합' 도구는 자막을 배경 영상과 다양하게 혼합해 변형시킨다.

'색상 번'을 터치하면 자막의 색깔이 사라지고 테두리만 남는다.

▲ 글자의 테두리만 남아 '텅 빈' 느낌을 시각적으로 강조한다.

'소프트 라이트'를 터치하면 자막이 배경색과 자연스럽게 혼합된다.

▲ '혼합'의 '소프트 라이트' 효과를 적용했다. 의자 위에 자막이 한 글자씩 앉아있는 모양으로 배치했다.

❸ 자막에 애니메이션 효과 넣기

애니메이션 효과란 자막에 움직임을 더하는 것이다. 자막은 노란 자막 레이어의 시작과 끝 위치에 생겨났다 사라진다.

① 인 애니메이션 : 자막이 화면에 나타날 때 자막에 어떻게 움직이면서 등장하게 할지 선택할 수 있다.

② 애니메이션 : 자막이 화면에 떠 있는 동안 어떠한 움직임을 줄지 선택할 수 있다.

③ 아웃 애니메이션 : 자막이 화면에서 사라질 때 어떻게 움직이면서 사라지게 할지 선택할 수 있다.

▲ 자막 레이어를 활성화하면 오른쪽 위 도구 창에 생기는 자막 설정 도구들

1_ 인 애니메이션 : 자막이 시작될 때 넣을 효과와 그 효과 발생 시간을 설정할 수 있다. 인 애니메이션의 길이는 최대 4초까지 조정이 가능하지만, 클립의 원본 길이를 초과할 수 없다.

▲ '오른쪽으로 밀기'를 적용한 모습. 자막이 오른쪽에서 한 칸씩 밀려나는 느낌으로 시작된다.

- **페이드** : 자막이 서서히 화면에 배어 나오듯 나타난다.
- **팝** : 점으로 시작하여 원래 크기까지 커진 후 마지막에 바운스된다.
- **오른쪽(왼쪽)으로 밀기** : 화면의 왼쪽(오른쪽)에서부터 원래 위치로 움직이며 페이드인 된다.
- **위(아래)로 밀기** : 화면의 아래(위)쪽에서부터 원래 위치로 움직이며 페이드인 된다.
- **시계(반시계) 방향** : 세 번의 시계(반시계) 방향 회전에 따라 점점 느려지며 페이드인 된다.
- **드롭** : 화면의 위쪽에서 떨어지며 페이드인 된다. 위에서 뚝 떨어진 것처럼 바운스 하며 원래 위치로 간다.
- **확대** : 작은 점에서 원래 크기로 확장되며 페이드인 된다.
- **축소** : 훨씬 큰 크기에서 원래 크기로 축소되며 페이드인 된다.
- **모아서 나타내기** : 하나의 자막이 좌우로 나뉘었다가 페이드인 되며 원래대로 합쳐진다.
- **타이핑** : 타자하듯 한 글자씩 나타난다.
- **오른쪽(왼쪽)으로 닦아내기** : 화면 전체를 오른쪽(왼쪽)으로 닦아내며 항목이 점차 나타난다.
- **위(아래)로 닦아내기** : 화면 전체를 위(아래)로 닦아내며 항목이 점차 나타난다.
- **팝-중앙에서** : 자막의 중앙부 수평선을 기준으로 점진적으로 나타난 후, 마지막에 살짝 바운스 된다.
- **팝-아래(위)로** : 자막의 중앙부 수평선을 기준으로 아래(위)쪽에서 점진적으로 나타난 후, 마지막에 살짝 바운스 된다.
- **팝-열리며 아래로** : 위의 '팝-아래로'처럼 아래로 떨어지기 직전에 자막이 펼쳐지며 떨어진다. 위 효과와 약간의 잔상이 남는 차이뿐이다.
- **아래(위)에서 나타나기** : 감추어져 있던 자막이 자막 박스 아래쪽에서 위쪽으로 나타난다.
- **오른쪽(왼쪽)에서 나타나기** : 감춰져 있던 자막이 자막 박스의 오른쪽(왼쪽)에서 나타난다.
- **고무 스탬프** : 위의 '축소' 효과와 유사하지만, 화면에 자막이 더 빠르게 펼쳐지며 나타난다.

2_ 애니메이션 : 자막이 화면에 떠 있는 동안 어떠한 움직임을 줄지 선택할 수 있다.

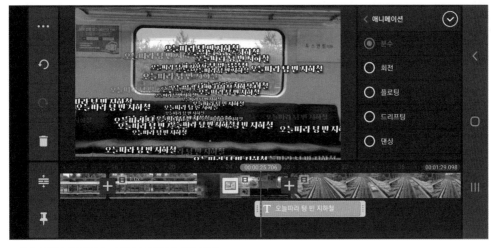

▲ '분수 효과'를 적용한 모습. 자막이 분수처럼 쏟아져 나온다.

- **점멸** : 자막이 빠르게 깜빡거린다.
- **펄스** : 자막이 느리게 페이드인/아웃 된다.
- **진동** : 자막의 크기가 빠르게 변화하며 진동한다.
- **분수** : 크기가 작아진 자막이 화면의 중앙에서 분수처럼 뿜어져 나온다.
- **회전** : 자막이 수평 링 모양으로 화면을 가로질러 흘러간다.
- **플로팅/드리프팅** : 자막이 임의의 방향으로 느리게 진동한다. 플로팅이 드리프팅보다 더 높은 진동수로 움직인다.
- **댄싱** : 자막이 일정한 속도와 리듬으로 크게 부풀어졌다가 작아지며 사라진다.
- **비 내림 효과** : 분수 효과와 비슷하게 크기가 작아진 자막이 위에서 아래쪽으로 쏟아져 내린다.
- **시계(반시계) 방향** : 자막이 시계(반시계) 방향으로 계속해서 회전한다.

3_ 아웃 애니메이션 : 자막이 사라질 때 넣을 효과와 그 효과 발생 시간을 설정할 수 있다. 각 애니메이션의 길이는 원본 클립 길이를 넘지 않는 선에서 최대 4초까지 조정할 수 있다.

▲ '아래로 사라지기' 효과를 적용한 모습. 자막이 의자 아래로 떨어지며 사라진다.

- **나누어 사라지기** : 자막이 두 개의 레이어로 나뉘면서 투명하게 페이드아웃 된다.
- **왼쪽(오른쪽)으로 닦아내기** : 오른쪽(왼쪽) 모서리부터 화면 전체를 왼쪽으로 닦아내며 항목이 점차 사라진다.
- **아래(위)로 닦아내기** : 위쪽(아래쪽) 모서리부터 화면 전체를 아래로 닦아내며 항목이 점차 사라진다.
- **스냅-닫히며 위로** : 자막의 박스 위쪽 중앙의 한 점을 기준으로 완전히 압축된다.
- **스냅-중앙으로** : 자막의 중앙부 수평선을 기준으로 위쪽과 아래쪽이 완전히 압축된다.
- **스냅-위로(아래로)** : 자막의 박스 위쪽 선을 기준으로 아래(위)에서부터 완전히 압축된다.
- **아래(위)로 사라지기** : 자막이 자막 박스 아래(위)쪽으로 밀리며 사라진다.
- **오른쪽(왼쪽)으로 사라지기** : 자막이 자막 박스의 오른쪽(왼쪽)으로 밀리며 사라진다.

이미지를 따라다니는 자막 만들기

이미지를 따라다니는 자막은 예능 유튜브에서 많이 활용된다. 키네마스터의 '키 애니메이션'을 활용해 같은 효과를 만들어낼 수 있다.

[편집 미션] 열차를 저절로 따라다니는 자막을 만들어보자.

▲ '출발'이라는 단어가 열차 앞에 붙어 열차와 함께 움직인다.

1_ 자막을 넣고 싶은 위치에 빨간색 커서를 놓은 후, 레이어 탭에서 '텍스트'를 터치한다.

▲ 커서가 놓인 위치에 자막 레이어가 생성된다.

2_ 자막을 입력하고, 자막의 색깔이나 위치를 원하는 대로 조정한다.

▲ 자막 레이어에 '출발'이라는 자막을 입력했다.

3_ '출발'이라는 글자에 노란색을 적용하고 검은색 윤곽선을 넣었다. 열차의 머리 쪽으로 자막의 위치를 이동시켰다. 여기가 자막의 출발점이다.

▲ 자막이 처음 등장할 지점을 정한다. 자막은 기차 머리에 붙어 기차와 함께 서서히 위쪽으로 올라갈 예정이다.

4_ 자막 레이어를 조절한다. 자막이 삽입되어야 할 영상의 길이를 확인해서, 자막 레이어를 필요한 만큼 늘린다. 기차가 난간을 통과하는 지점까지 자막을 넣을 예정이므로 그곳에 맞게 자막 레이어 길이를 조정한다.

▲ 애니메이션을 삽입하기 전에, 먼저 자막 바의 길이를 조정해야 한다. 자막이 어느 시간만큼 보일지 길이를 조정한다.

5_ 자막이 노랗게 활성화되어 있는 상태에서, 왼쪽의 키(key) 애니메이션 버튼을 터치한다.

▲ 왼쪽 메뉴의 열쇠 아이콘을 터치하면 '키 애니메이션' 효과가 적용된다.

노란색 자막 바가 빨간색으로 바뀌며 '키 애니메이션' 효과가 적용되었음을 알 수 있다. 동시에 빨간색 점으로 자막 레이어 위에 점(key)이 생겨났다. 이렇게 키를 삽입하는 방식으로 자막의 이동 위치를 지정할 수 있다.

▲ '키 애니메이션' 효과를 적용해서 빨간색 키가 자동으로 생성됐다. 맨 처음 키가 찍힌 위치가 자막의 시작점이다.

6_ 영상을 조금씩 재생시키면서 자막이 이동해야 할 위치를 지정해 준다. 열차가 조금 더 위쪽으로 올라온 만큼 자막도 같이 위로 올린다. 자막의 크기도 줄이거나 늘릴 수 있다. 자막을 움직이기만 해도 아래 자막 레이어에 자동으로 새로운 키가 생겨난다.

▲ 자막의 위치를 한번 이동시킬 때마다 자동으로 키가 추가된다.

7_ 열차가 앞으로 나아갈수록 영상 위에 자막도 멀어진다. 멀어지는 느낌을 강조하기 위해 자막의 크기도 작게 했다. 자막을 이동시키자마자 자막 레이어에 새로운 키가 생긴다. 잘못 더해진 키가 있다면 도구창의 키 삭제(-)버튼을 터치하여 삭제할 수 있다.

▲ 화살표로 직접 자막의 크기를 줄이거나 늘릴 수 있다. 도구 창에서 키를 추가하거나 뺄 수도 있다.

8_ 재생 버튼을 클릭해 효과가 잘 적용되었는지 확인한다.

▲ 재생 버튼을 누르면 미리 보기 창으로 출력될 결과물을 확인할 수 있다.

TIP | 키 애니메이션 도구 창

- **키플러스(+)** : 자막 레이어에 키를 추가한다.
- **키마이너스(-)** : 자막 레이어에 키를 삭제한다.
- **오른쪽 화살표** : 바로 다음 키로 이동한다.
- **왼쪽 화살표** : 바로 이전 키로 이동한다.

---

11 음향 조절하기 #음향분리 #페이드인 #페이드아웃

❶ 소리 크기 조정하기

영상에 삽입된 음향의 크기를 조절하는 방법은 두 가지가 있다. 영상 클립 전체의 소리를 조절할 수도 있고, 특정 오디오를 추출해서 음량을 조절할 수도 있다.

1_ 소리를 키우거나 줄이고 싶은 영상을 불러와서 클립을 노랗게 활성화한다.

2_ 도구 창에서 오디오 탭을 터치한다.

▲ 오디오 모양의 아이콘을 터치하면 음량을 조정할 수 있는 오디오 도구 탭이 나타난다.

3_ 오디오 탭에서 직접 볼륨을 조정할 수 있다. 조정이 끝나면 오른쪽 위의 체크 버튼을 터치해서 메인 화면으로 돌아온다.

▲ 제일 왼쪽이 통합 볼륨조절 창이다. 100%라고 쓰여있는 볼륨 바를 위아래로 움직이면 소리가 커지거나 작아진다. 오디오 모양의 아이콘을 터치하면 음 소거된다.

4_ 특정 영역의 오디오 조정이나 세부적인 조정이 필요할 때는 전체 음량을 높일 필요는 없고 오디오를 추출해 음량을 조절할 수 있다. 영상을 불러와 활성화한 후 도구 창을 선택하면 '오디오 추출' 탭이 있다.

▲ 편집하려는 해당 클립을 활성화한 후에 '오디오 추출' 탭을 터치한다.

5_ 오디오가 추출되면 음악 파일처럼 소리를 조정할 수 있다. 전체 음량을 높이거나, 특정 부분만 키로 지정해서 음향을 줄이거나 높일 수 있다.

▲ 첫 번째 클립의 오디오가 추출됐다. 영상과 상관없이 오디오의 길이를 독립적으로 조정할 수 있다.

❷ 음악을 페이드인·페이드아웃하기

영상 속에 삽입된 음악 혹은 음향이 서서히 커졌다가 영상이 끝날 즈음에 자연스럽게 서서히 작아지게 하는 효과를 줄 수 있다. 이것을 페이드인, 페이드아웃 효과라고 한다. 키네마스터를 이용해 음향에 페이드인, 페이드아웃 효과를 적용해보자.

1_ 음악을 삽입하고 싶은 위치에 타임라인 커서를 놓는다.

▲ 빨간색 커서가 놓인 자리부터 음악이 시작될 예정이다.

2_ 미디어 패널에서 오디오 탭을 터치해 음악을 불러온다(타임라인에 음악을 불러오는 방법은 118p, '오디오' 참고).

▲ 앞에 새 소리가 잠시 흐른 후 음악이 시작되도록 커서를 두 번째 클립 앞에 위치시켰다.

3_ 오디오 브라우저에서 원하는 음악을 선택해 추가(+) 버튼을 터치한다. 녹색 오디오 레이어가 지정한 위치에 생성됐다.

▲ 오디오 브라우저에서 내 스마트폰에 저장된 음악 또는 키네마스터에서 다운받은 음악을 오디오 클립으로 추가할 수 있다.

4_ 오디오 레이어를 선택한다. 초록색 오디오 레이어에 노란 테두리가 더해지며 활성화된다. 상단에 오디오를 조정할 수 있는 도구 창도 나타난다. 도구 창에서 상세 볼륨 탭을 터치한다.

▲ 원하는 위치에서 소리가 커지고 작아지도록 볼륨 조정을 해보자.

TIP | 오디오 설정 도구 창 메뉴
- **믹서** : 오디오 레이어의 전체 음량을 조절할 수 있다.
- **이퀄라이저** : 오디오에 효과를 넣어 톤이나 주파수 대역을 조정할 수 있다.
- **상세 볼륨** : 오디오 레이어에 키(key)를 삽입해 볼륨 조정을 세밀하게 할 수 있다.

5_ 상세 볼륨을 터치하면 오디오 레이어의 시작 지점에 볼륨 키(key)가 생성된다. 볼륨을 조정하면 키가 놓인 위치의 볼륨이 조정된다.

▲ 도입 부분이라서 음악 볼륨을 반으로 줄였다. 음악은 볼륨을 낮게 해서 시작될 예정이다.

6_ 추가(+) 버튼으로 키를 삽입하고, 그 키의 볼륨을 조정하면 된다. 영상을 보면서 키를 추가(+)하거나 삭제(–)하는 방식으로 음악의 볼륨을 조정해나간다. 여기서는 낮게 시작했던 음악의 볼륨이 서서히 커지도록 설정했다.

▲ 원하는 위치에서 볼륨이 커질 수 있도록 키를 조정한다.

▲ 키를 조정해 볼륨을 다시 줄였다. 설정한 대로 볼륨이 오디오 바에 기록된다. 잘못 생성된 키는 삭제(–)키를 터치하면 삭제된다.

7_ 영상의 끝부분도 마찬가지로 영상의 길이에 맞게 오디오 레이어의 길이를 조정한다.

▲ 영상이 끝나는 지점에 음악도 끝날 수 있도록 오디오 레이어의 길이를 조정했다.

8_ 상세 볼륨을 터치해 오디오 레이어에 키를 삽입한다. 마지막 끝에 삽입한 키의 볼륨을 0으로 설정하면, 음악의 볼륨이 점점 줄어들면서 화면이 끝남과 동시에 음악도 끝난다.

▲ 영상이 끝날 즈음 음악이 줄어드는 페이드아웃 효과를 완성했다.

12

손쉽게 입히는 내레이션 #음성변조는 덤

1_ 내레이션을 넣을 위치에 타임라인 커서를 놓는다.

2_ 미디어 패널에서 '음성' 탭을 터치한다.

▲ 타임라인 커서가 위치한 지점부터 내레이션이 녹음된 오디오 바가 생성된다.

3_ 녹음을 시작하면 녹음과 동시에 음성 레이어가 생성된다. 잡음이 끼어들지 않도록 조용한 장소에서 녹음한다.

▲ 녹음이 시작되면 타임라인 위에 바로 음성 레이어가 생성된다.

4_ 음성 레이어도 오디오를 조정한 것처럼 전체 음량을 조정하거나 상세 볼륨을 조정할 수 있다. 잔향 효과나 음성변조 효과를 삽입해 음성을 변조할 수도 있다.

▲ 타임라인에 생성된 보라색 음성 레이어를 오디오 파일처럼 볼륨을 조정하거나 잘라내는 등 수정할 수 있다.

음성 변조 탭을 선택하면 다양한 목소리로 변조할 수 있다. '다람쥐' 효과를 적용해 보면 녹음한 목소리가 곧바로 낯설고 재미있는 음성으로 바뀌며 영상의 분위기도 달라진다.

▲ 다양한 음성 변조 효과를 활용해 보자.

• 도구 창에서 '반복'과 '끝까지 반복' 탭을 활성화하면, 녹음한 음성이 자동으로 늘어나 반복된다.
• 'Ducking' 탭을 활성화하면 내레이션이 또렷하게 들리도록 주변 음향이 조정된다. 내레이션이 시작되면 음악이 서서히 작아졌다가, 내레이션이 끝나면 다시 원래 음량으로 돌아온다.

▲ 음성 클립이 회색으로 변하면 Ducking 기능이 적용된 것이다. Ducking은 내레이션이 더 또렷이 들리도록 주변 음향을 자동으로 조정한다.

13

모자이크 효과, 앱으로도 문제없다

　노출되지 않아야 할 타인의 얼굴이나 브랜드가 영상에 찍혔다면 모자이크를 삽입해 가질 수 있다. 앞서 배운 키 애니메이션 효과를 활용해 가려야 할 부분이 움직일 때 모자이크도 따라 움직이도록 설정해보자.

🎮 [편집 미션] 영상 속의 생수병을 모자이크로 가려보자.

1_ 모자이크를 삽입하고 싶은 위치에 타임라인 커서를 올려놓는다.

2_ 미디어 패널에서 레이어를 선택한 후 효과 탭을 터치한다.

3_ 기본 효과를 터치한다.

▲ 기본 효과 창에는 '블러'와 '모자이크' 효과가 있다. 왜곡 효과는 영상을 둥글게 왜곡시킨다.

4_ '모자이크'를 선택한다. 물감 번지듯 흐리게 처리하는 블러 효과를 내고 싶다면 '가우시안 블러'를 선택해도 된다. 선택을 완료했으면 오른쪽 위의 체크 버튼을 눌러서 메인 화면으로 돌아온다.

▲ '모자이크'를 선택하자 타임라인에 파란색 모자이크 레이어가 생성됐다.

5_ 화면 위에 생성된 모자이크 상자를 크기에 맞게 조절한다.

▲ 모자이크 상자 끝부분의 화살표를 이용해 크기와 방향을 조정한다. 여기서는 물병을 가려야 한다.

TIP | 모자이크 설정 도구 창

- **설정** : 모자이크 입자의 크기를 조정할 수 있다.
- **알파** : 모자이크의 불투명도를 조정할 수 있다.
- **트림/분할** : 타임라인의 모자이크 바의 길이를 잘라내거나 나눌 수 있다.
- **모양** : 모자이크 입자의 모양을 변경할 수 있다.
- **회전/미러링** : 모자이크 영역을 회전시키거나 반대로 바꿀 수 있다.

6_ 물병 위에 모자이크가 생겼다. 영상에 고정된 모자이크이므로, 물병이 움직일 때마다 모자이크도 따라 움직이게 설정하려면 왼쪽의 '키 애니메이션'을 터치한다.

▲ 키를 더하고 빼는 것으로 모자이크의 위치를 이동시킬 수 있다. 움직이는 자막을 만든 것과 같은 원리다.

7_ 키 애니메이션을 활성화하자 모자이크 레이어에 빨간 점(key)이 생겨났다. 키가 생겨난 장면의 모자이크 위치를 확인한다.

▲ 빨간 키로 모자이크의 크기나 모양, 위치를 지정해두는 셈이다.

8_ 이제 영상을 보면서 물통이 움직일 때마다 키를 삽입(+)하면 된다. 키를 삽입한 뒤 모자이크의 위치를 이동시킨다. 이 작업을 반복해서 물통이 움직이는 위치마다 키를 삽입하고 모자이크가 함께 이동할 수 있게 한다.

▲ 물통이 움직이는 지점에 키를 추가(+)하고 모자이크의 위치를 조정한다.

▲ 키를 추가하고(+) 모자이크의 위치를 조정하고의 반복이다.

특히 영상에서 물통이 처음으로 나타나는 순간, 혹은 물통이 영상에서 사라지는 순간에 모자이크 가 자연스럽고 알맞게 적용되었는지 확인해보자.

▲ 물통이 영상에 나타날 때부터 모자이크가 적용되도록 키 애니메이션으로 모자이크 위치를 잘 설정한다.

물통이 영상 속에 등장하는 순간부터 모자이크가 나타난다. 물통이 움직일 때마다 모자이크가 따라다니는 영상이 완성됐다.

▲ 물통이 움직이는 대로 지정한 모자이크도 함께 움직인다.

TIP | 다양한 모양의 모자이크

모자이크 설정 도구 창의 '모양' 탭을 잘 활용해보자. 필요한 부분에 딱 맞는 모양과 크기의 모자이크를 적용해 가려야 할 부분만 눈에 띄지 않게 가리자.

▲ 역삼각형 모양을 활용해서 로고만 가릴 수도 있다. 페더의 숫자를 높이면 각진 모자이크 테두리가 번지듯 부드럽게 처리된다.

14 게임 방송, 리뷰 방송은 PIP 활용하기

PIP란 'Picture In Picture'의 약자로, 영상 속에 알림창처럼 또 다른 영상을 동시에 볼 수 있는 기능이다. 게임 화면을 보여주면서 동시에 영상 하단에 중계자의 얼굴을 넣거나, 어떤 상황이나 제품을 설명하면서 설명자의 얼굴을 영상 하단에 삽입하는 형태이다. 키네마스터로 PIP 영상을 만들어보자.

[편집 미션] 커피를 소개하는 영상에 PIP 기능을 넣어보자.

▲ 영상 두 개를 동시에 볼 수 있는 PIP 기능을 편집 앱으로 구현할 수 있다.

1_ 미디어 패널의 '미디어' 창을 터치해 해당 커피 영상을 타임라인으로 불러온다.

▲ 미디어 패널의 '미디어' 탭을 통해 첫 번째 영상을 불러온다.

2_ 이번에는 해설 영상을 불러온다. 해설 영상이 더해질 위치에 타임라인 커서를 두고, 미디어 패널의 '레이어' 창에서 '미디어'를 터치한다.

▲ 첫 번째 영상은 미디어 패널의 '미디어' 탭을 통해, 영상 위에 올라갈 두 번째 영상은 '레이어' 탭의 '미디어'를 통해 불러와야 한다.

3_ 미디어 브라우저가 열린다. 첫 번째 커피 영상을 불러오듯이 해설 영상을 찾아 타임라인으로 불러온다.

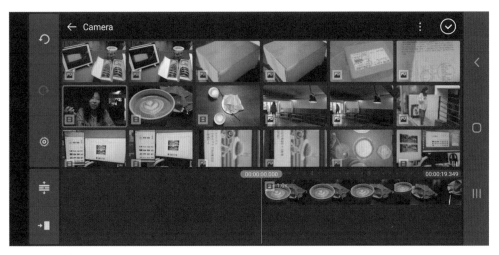

▲ 미디어 브라우저에서 해설 영상을 터치해 타임라인으로 불러온다.

▲ 커피 영상 위에 해설 영상이 올라왔다. 영상의 테두리가 점선일 때는 편집이 활성화되어 영상의 크기와 위치를 조정할 수 있다.

4_ 해설 영상을 원하는 크기로 조정한 후 원하는 위치에 놓는다. 작업을 마치면 오른쪽 위의 체크 버튼을 눌러서 메인 화면으로 돌아온다.

▲ 영상 오른쪽 하단에 알맞은 크기로 해설 영상을 배치했다.

5_ 미디어 패널의 레이어 창에서 '텍스트' 탭을 활용해 해당 자막을 입력한다.

▲ 해설 영상과 자막을 삽입했다. 그런데 배경영상과 해설 영상의 배경색이 비슷해서 잘 구분되지 않는다.

6_ 해설 영상이 좀 더 눈에 띄도록 테두리를 넣어주자. 미디어 패널의 '레이어' 창에서 '손글씨'를 터치한다. '손글씨' 탭에서는 손글씨를 쓸 수 있고, 직접 도형을 그려 넣을 수도 있다.

▲ 레이어 창의 '손글씨' 탭에서 도형을 그려 넣을 수 있다.

7_ 선의 형태를 선택하는 첫 번째 탭에서 비어있는 사각형을 선택한다. 색상을 선택하는 탭에서는 선 색깔을 흰색으로 설정한다.

▲ 원하는 형태의 도형과 색상을 설정한다.

8_ 도구 창 가장 아래에 있는 항목은 선의 굵기를 설정하는 탭이다. 가장 가는 선을 선택한다.

▲ 도형의 굵기를 선택한다.

9_ 손으로 미리 보기 화면 위에 선을 그으면 선택한 도형이 나타난다. 크기를 꼭 맞추지 않아도 괜찮으니 네모를 그리고, 오른쪽 위의 체크 버튼을 터치해 메인 화면으로 돌아온다.

▲ 미리 보기 창에 손가락으로 원하는 위치에 선을 그으면 도형이 그려진다.

10_ 메인 화면에서 다시 네모 창을 터치하면, 아래와 같이 점선으로 도형 편집이 활성화된다. 여기에서 크기와 위치를 세밀하게 조정할 수 있다.

▲ 도형에 점선이 둘러지면 편집이 가능하다는 의미이다. 도형의 크기와 위치를 조정하자.

11_ 새하얀 테두리가 너무 눈에 띄는 것 같다면 색의 투명도를 낮춰준다. 도구 창의 알파(불투명도) 탭을 터치해 불투명도를 50% 낮춘다. 해설 영상이 삽입된 커피 소개 영상을 완성했다.

▲ 불투명도 바를 손으로 올렸다 내리면서 영상과 자연스럽게 어울릴만한 투명도로 조정한다.

유튜브 영상을 보면 왼쪽 위 혹은 오른쪽 위에 달린 로고를 발견할 수 있다. 당신이 지금 '누구의' 영상을 보고 있는지 로고는 계속 어필한다. 나의 채널 브랜드를 알릴 수 있는 영상의 로고를 만들어본다. 키네마스터의 크로마키 앱을 활용하여 두 가지 종류의 로고를 만들어보자.

🐾 **[편집 미션 1] 이미지와 텍스트가 들어가는 로고를 만들어보자.**

▲ 오른쪽 위에 있는 이미지+텍스트형 로고를 키네마스터로 만들 수 있다.

1_ 미디어 패널의 '미디어' 창을 터치해 미디어 브라우저로 들어간다.

2_ 미디어 브라우저 왼쪽의 '사진' 탭을 터치하고, '이미지 에셋' 폴더를 터치한다.

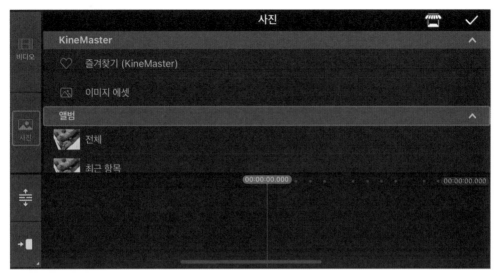

▲ 키네마스터에서 제공하는 '이미지 에셋'을 활용한다.

3_ 흰색 배경을 터치하고, 체크 버튼을 눌러 메인 화면으로 돌아온다. 그리고 이 흰색 배경의 색을 크로마키 효과가 적용되는 초록색으로 바꿔준다.

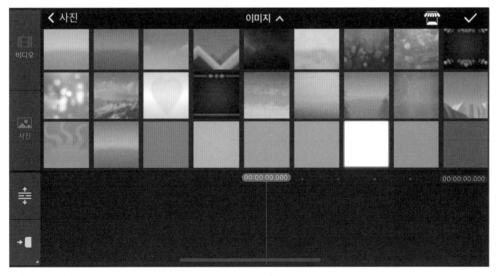

▲ 흰색 배경을 선택한다.

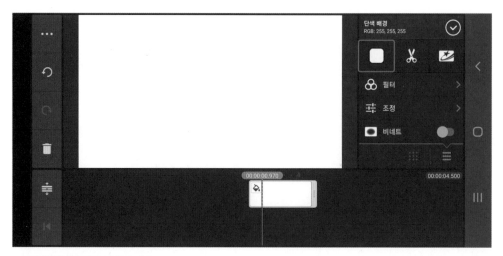

▲ 도구 창에서 배경 색상을 바꿀 수 있다.

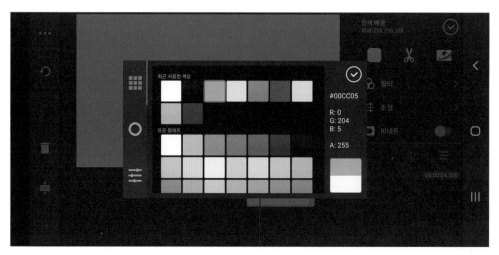

▲ 크로마키 효과가 적용될 수 있도록 초록색 배경을 선택한다.

4_ 이 초록색 배경 위에 로고로 쓸 이미지 레이어를 추가할 것이다. 미디어 패널의 레이어 창에서 '미디어'를 터치해서 로고에 쓸 이미지를 불러온다.

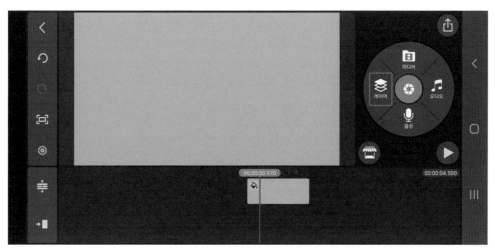

▲ 초록색 배경 위에 로고로 사용할 이미지를 불러온다.

5_ 불러온 이미지를 로고용으로 오려내기 위해 오른쪽 위 도구 창에서 '크롭'을 터치한다.

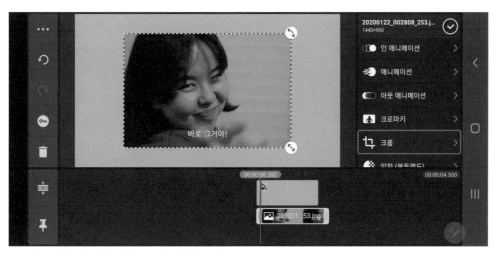

▲ '크롭'을 선택하면 이미지를 원하는 모양대로 오려낼 수 있다.

6_ 크롭에서 '마스크'를 활성화하고 사진을 오려낼 모양을 선택한다. 하단에 페더의 숫자를 올리면 테두리가 점점 희미해진다. 깔끔하게 오려내야 하므로 페더는 0으로 둔다.

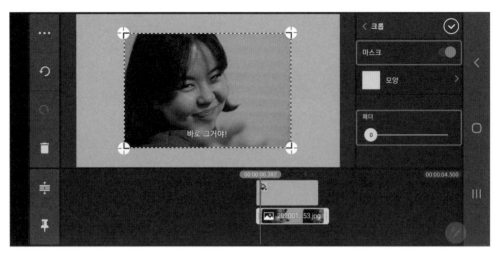

▲ 크롭 도구 창에서 '마스크'를 활성화하면 '크롭'이 적용된다.

모양을 터치하면 크기를 조정할 수 있는 다양한 도형이 나온다. 도형과 사진의 크기를 조정해가며 알맞은 크기로 조정한다. 작업을 마쳤으면 오른쪽 위의 체크 버튼을 터치해 다시 메인 화면으로 돌아간다.

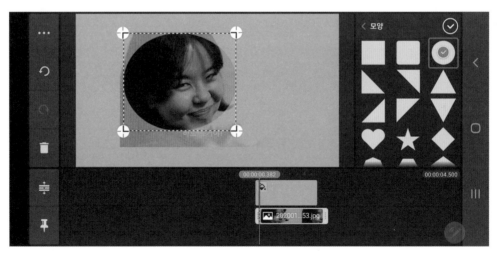

▲ 여기서는 동그라미 모양을 선택했다. 로고에 쓸 만하게 사진을 동그란 모양으로 오려낸다.

7_ 미디어 패널의 '레이어' 창을 열어 '텍스트'를 터치한다. 로고를 적고, 글자를 원하는 대로 꾸며 보자(160p, "**09** 눈에 띄는 자막 만들기" 참고).

▲ 동그라미 모양으로 오려낸 사진이 적용된 모습이다.

꾸며진 글자와 이미지를 적절한 위치에 배치한다.

▲ 텍스트와 이미지를 자연스럽게 배치했다.

8_ 로고가 완성되었다면 왼쪽의 캡처 버튼을 터치하여 이미지로 저장한다. 편집기 내에 캡처된 사진은 갤러리 앱의 'capture' 폴더에 저장된다.

▲ '캡처 후 저장'을 선택하면 내 스마트폰 갤러리 앱에 저장된다.

9_ 완성한 로고를 영상에 적용해 보자. 로고는 영상을 완성한 후 제일 마지막에 삽입한다. 기존에 완성한 영상의 맨 앞부분에 커서를 놓고, 미디어 패널에서 '레이어' 창을 열어 '미디어'를 선택하여 앞에서 만든 로고 이미지를 불러온다.

▲ 영상 위에 이미지를 올려야 하므로 '레이어' 창에서 '미디어'를 불러온다.

10_ 로고 이미지가 나타나면 크로마키 효과를 적용해 녹색 배경을 제거해보자. 오른쪽 도구 창에서 '크로마키'를 터치한다.

▲ 오른쪽 도구 창에서 '크로마키'를 선택해 이미지에 '적용'해보자.

11_ 크로마키를 '적용'하면 초록색 배경이 순식간에 사라진다. 배경이 단색이 아니라서 깨끗하게 배경이 사라지지 않을 때는 아래 미세 조정 탭 등을 활용해보자.

▲ 초록색 배경이 사라지고 이미지만 남았다.

12_ 로고 이미지를 터치해 편집을 활성화한 후, 로고 이미지의 크기와 위치를 조정한다. 여기서는 오른쪽 위에 로고를 넣었다.

▲ 오른쪽 위에 로고를 배치한 모습이다.

13_ 영상이 끝날 때까지 상단 로고가 사라지지 않도록 타임라인에 있는 초록색 로고 이미지 레이어를 영상 끝까지 늘린다. 영상에 이미지 로고가 삽입됐다.

▲ 타임라인을 축소해서 로고 레이어가 영상 끝까지 적용되었는지 확인해보자.

[편집 미션 2] 손글씨 로고를 넣어보자.

▲ 손글씨로 간단하게 만든 로고를 만든다.

1_ 앞의 1~3단계와 같이 초록색 배경의 이미지를 만든다. 그리고 미디어 창의 '레이어'에서 '손글씨'를 터치한다. 첫 번째 도구 창에서 이번에는 네모 상자가 아닌 펜을 선택하고, 글자의 색깔과 굵기를 지정한다. 여기서는 노란색의 중간 굵기를 선택했다.

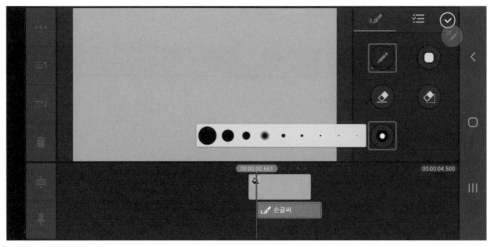

▲ 손글씨 도구 창에서 글자의 색과 굵기를 선택할 수 있다.

2_ 미리 보기 창 위에 직접 손글씨로 로고를 쓴다. 노란색 중간 굵기의 글자가 써진다.

▲ 미리 보기 창 위에 손가락이나 스마트폰 펜 등으로 손글씨를 쓸 수 있다.

도구 창에서 펜을 빈 네모로 바꾸어 글자 테두리를 만들었다.

▲ 도구를 이용하여 글자 주변에 네모 테두리를 적용했다.

3_ 완성된 로고 이미지를 캡처한다.

▲ 캡처한 이미지는 내 스마트폰 갤러리 앱의 'capture' 폴더에 저장된다.

4_ 완성된 영상의 맨 앞부분에 타임라인 커서를 놓고 로고 이미지를 불러온다. 미디어 패널의 '레이어' 창에서 '미디어'를 터치한다. 미디어 브라우저의 'capture' 폴더에서 저장된 로고 이미지를 불러온다.

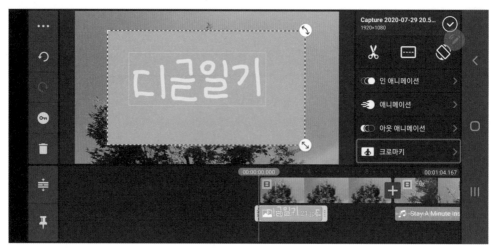

▲ 크로마키를 적용해 초록색으로 되어있는 배경색을 지운다.

5_ 도구 창의 크로마키를 적용해 배경을 지운다. 로고 이미지를 터치해 활성화한 후, 원하는 크기와 위치로 조정하면 로고가 완성된다. 로고가 영상 시작부터 끝까지 나타날 수 있도록 로고 레이어 길이를 늘이는 것도 잊지 말자.

▲ 초록색으로 된 배경이 사라지면 로고 이미지를 터치해 크기를 변경하고 원하는 위치에 옮긴다.

내 영상의 가치를 올리는 실속 팁

유튜브는 여느 SNS보다 크리에이터의 수익 배분이 잘 되어 있는 플랫폼이다. 인스타그램이나 트위터는 열심히 하면 친구가 생기지만, 유튜브는 직접적인 수익을 얻을 수 있다.

유튜브는 하나의 미디어이자 방송국이 되었다. 이 미디어에서는 누구나 영상을 올려 제작자가 될 수 있다. 여러 공중파 프로그램들도 유튜브 플랫폼에 맞는 영상물을 제작하고 업로드한다. 반대로 유튜브 영상을 TV 정규 방송에 내보내기도 한다.

1분에 수천 개의 영상이 업로드되는 유튜브에서 수익을 내는 일이 쉽지는 않다. 하지만 동시에 많은 사람들이 도전하고 해내고 있다. 인스타그램이나 트위터, 메신저를 하듯이 가볍고 즐거운 마음으로 시작하자. 일단 채널을 만들고 꾸준히 올리는 게 첫 번째 미션이다. 이왕에 시작해보기로 마음먹었다면, 내 영상을 사람들에게 알릴 수 있도록 채널을 효과적으로 운영해보자.

저작권은 만든 사람이 자신의 창작물을 독점적으로 이용하거나 남에게 허락할 수 있는 권리이다. TV, 영화 등의 온라인 동영상을 비롯하여 음원, 강연, 기사, 도서 등의 작품, 그림, 포스터 등의 시각 작품, 게임 및 소프트웨어 등 타인이 창작한 모든 창작물에는 모두 저작권이 있다.

> 저작권 침해 신고
> 이 동영상에 저작권 보호 자료가 포함된 것으로 확인되었습니다.
> 이에 따라 업로더가 동영상으로 수익을 창출할 수 없습니다.
>
> 세부정보 보기

저작권 침해 신고	2019. 5. 1.
	게시 날짜

허가되지 않은 남의 창작물을 가져다 쓰면 저작권에 어긋난다. 특히 동영상을 제작할 때 내가 촬영한 영상으로 제작할 경우라도 음악, 이미지, 폰트 저작권에 어긋나지 않는지 주의해야 한다. 공들여 만든 영상이라도 남의 저작권을 위반하는 내용이 들어 있으면 시작부터 수익 창출은 물 건너간 셈이다.

▲ 타인의 저작권을 침해하면 올리자마자 저작권이 침해되었다는 제한사항이 나타난다. 세부 사항을 확인해보면, 동영상으로 수익이 발생할 때 저작권 소유자에게 지급된다고 나타나 있다.

저작권에 어긋나지 않기 위해서는?

저작권법 제29조에 따르면 영리를 목적으로 하지 않는 공연·방송은 저작권에 어긋나지 않는다. 즉, 내가 좋아하는 가수의 노래를 BGM으로 삽입한 동영상을 개인적으로 즐기는 것은 괜찮지만, 유튜브에 올려 수익을 창출할 수는 없다는 것이다.

내가 가진 소스만 활용하는 것이 가장 좋다. 남의 저작물을 사용할 때는 사용이 허가된 범위 내에서 활용할 수 있다. 타인의 저작물의 활용 범위를 확인하자. 저작권 표시가 되어 있지 않다면, 저작권자에게 사용 허락을 직접 구해야 한다. 이때 1차 저작물을 활용한 2차 저작물을 사용할 경우, 1차·2차 저작권자 모두에게 허락을 구해야 한다. 이러한 내용을 지켜야 나의 저작물의 권리가 지켜지는 것도 방지할 수 있다.

① 꼭 사용하고 싶은 저작물이라면 이용 목적과 용도를 적어 저작권자에게 직접 사용허가를 구할 수 있다.

② 저작권자가 미리 조건 내에서 무료 이용이 가능하다고 표기해놓은 저작물을 조건 범위 내에서 활용한다(상업용·개인용인지, 출처를 밝혀야 하는지를 꼭 확인한다).

TIP| CCL(크리에이티브 커먼즈 라이선스)

크리에이티브 커먼즈 저작권 라이선스는 모든 사람이 자신의 창작물에 대한 저작권 이용 허락을 부여할 수 있는 간단하고 표준화된 도구다. 저작물을 배포, 복사, 사용할 수 있는 범위를 알 수 있다.

 크리에이티브 커먼즈 라이센스가 부과된 저작물이라는 표시

 저작자 표시. 저작자 이름, 출처, 링크를 표시해야 한다는 표시

 비영리 표시. 영리적 목적으로는 사용해서는 안 된다는 표시

 2차 변경 금지. 이 저작물을 편집하거나 2차 저작물로 만드는 것을 금지한다는 표시

 동일 조건 변경 허락. 저작권 이용 범위를 나타내는 크리에이트 커먼즈 라이선스를 확인한다.

동일 조건 변경 허락. 저작물의 내용을 바꾸고 2차 저작물을 만들 수 있되, 배포할 때는 원저작물과 같은 조건으로 라이선스를 적용해야 한다는 표시. 원저작자를 포함해 2차, 3차 등 이후의 저작자를 모두 표시해야 한다.

▲ 저작물 공유 범위 설정에 따라 라이선스 기호가 추가, 변경된다.

(출처: https://creativecommons.org)

02 무료 소스 활용하기

음악이나 이미지의 저작권을 확인하는 일은 쉬운 일이 아니다. 이왕이면 처음부터 무료로 활용할 수 있는 소스를 찾아보자. 키네마스터에서 무료로 제공되는 소스를 활용하는 것도 저작권을 피해 쉽게 영상 제작을 할 수 있는 방법이다.

1. 무료 음악 소스

유튜브를 이용하면 유튜브 내에서 사용할 수 있는 무료 음원이 있다. 누구나 자유롭게 자신의 영상에 음원을 포함해 사용할 수 있다. 먼저 저작권과 관련하여 음원을 사용하는 방법에 대해 알아본다.

❶ 유튜브 스튜디오 오디오 보관함 (기존 '오디오 라이브러리')

자신의 계정에 로그인하여 오디오 보관함에서 음악을 추가하여 이용할 수 있다. https://www.youtube.com/audiolibrary/music

▲ 유튜브 홈페이지를 웹으로 접속하면 유튜브 스튜디오 오디오 보관함을 이용할 수 있다.

1_ 유튜브 스튜디오에 로그인한다.

2_ '오디오 보관함'을 선택한다.

▲ 로그인한 상태에서 내 이미지 아이콘을 클릭한 후 'YouTube 스튜디오' 버튼을 선택하면
   내 스튜디오 페이지 왼쪽에서 '오디오 보관함' 탭을 찾을 수 있다.

3_ '필터'와 검색창을 사용하여 동영상에 사용할 음악을 검색하고 내려받을 수 있다. 최신 음악은
한 달에 2번 오디오 보관함에 추가된다. 같은 방식으로 무료로 사용 가능한 음향 효과도 찾고 활
용할 수 있다.

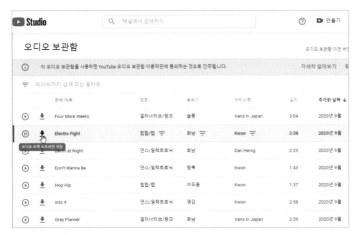

▲ 원하는 음악을 선택하면 바로 음악을 들어볼 수 있다. 화살표 버튼을 클릭하면 내 PC에 다운로드가 가능하다.

오디오 보관함의 음악은 저작권 표시 없이 유튜브 내에서 자유롭게 활용할 수 있다.
단, 유튜브 플랫폼 외부에서의 사용은 법적인 책임을 지지 않는다고 공지되어 있다.

② 유튜브에서 'Free Copyright Music', '저작권 무료 음악'을 검색해보기

저작권이 없는 음악은 없다. 다만 자유롭게 활용할 수 있도록 허가된 음악을 찾는 것이다. 'Free Copyright Music' 키워드로 검색하면 'Audio Library 채널', 'Vlog No Copyright Music 채널', '데이드림사운드', '나눔뮤직' 등의 채널이 검색된다. 사용하고 싶은 노래를 찾아 영상 하단의 '더보기'를 살펴보면, 노래마다 사용 조건이 있다. 출처를 명기하거나 어느 사이트에서 내려받으라는 식의 허가 조건을 확인하고 사용할 수 있다.

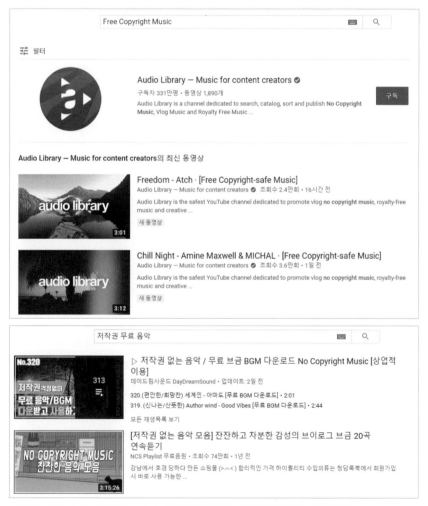

▲ 무료로 사용할 수 있는 음원들을 올려놓는 유튜브 채널이 있다. 사용 조건을 꼭 확인하고 활용하자.

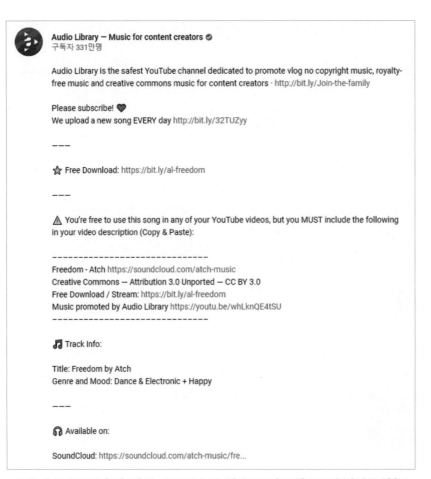

Audio Library — Music for content creators ✓
구독자 331만명

Audio Library is the safest YouTube channel dedicated to promote vlog no copyright music, royalty-free music and creative commons music for content creators · http://bit.ly/Join-the-family

Please subscribe! 💙
We upload a new song EVERY day http://bit.ly/32TUZyy

———

☆ Free Download: https://bit.ly/al-freedom

———

⚠ You're free to use this song in any of your YouTube videos, but you MUST include the following in your video description (Copy & Paste):

Freedom - Atch https://soundcloud.com/atch-music
Creative Commons — Attribution 3.0 Unported — CC BY 3.0
Free Download / Stream: https://bit.ly/al-freedom
Music promoted by Audio Library https://youtu.be/whLknQE4tSU

🎵 Track Info:

Title: Freedom by Atch
Genre and Mood: Dance & Electronic + Happy

———

🎧 Available on:

SoundCloud: https://soundcloud.com/atch-music/fre...

▲ 내 영상을 돋보이게 해줄 음악을 사용하는 것이므로 '더보기' 내용에 담긴 사용 조건을 꼼꼼히 확인한 후에 사용한다.

❸ 사운드 클라우드(https://soundcloud.com)

사운드 클라우드에는 많은 무료, 유료 음악을 듣거나 내려받을 수 있다. 원하는 노래를 찾아 저작권자의 허락을 구하기도 쉽다. 만약 무료로 사용할 수 있는 음악을 찾고 싶다면, 'FREE COPYRIGHT'를 검색해보자. 무료로 내려받을 수 있는 음악을 찾아 내려받으면 된다. 물론 음악을 내려받으려면 사운드 클라우드에 회원가입이 되어 있어야 한다.

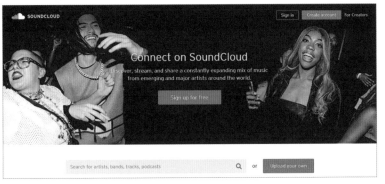

▲ 사운드클라우드에서 유료/무료 음악을 검색해서 내려받을 수 있다.

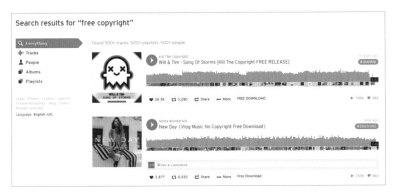

▲ 원하는 조건을 키워드로 검색해서 노래를 들어보고 원하는 노래를 내려받아 사용할 수 있다.

TIP│ 유료 사이트 에피데믹 사운드(https://www.epidemicsound.com)

비용을 내고 음악을 자유롭게 사용하고 싶다면 에피데믹 사운드에 가보자. 마음에 쏙 드는 음악을 고르는 게 쉬운 일은 아니다. 영상에서 수익이 나서 음악에 좀 더 투자할 수 있는 사람이라면, 혹은 음악 고르는 게 어렵게 느껴진다면 유료 음원 사이트인 '에피데믹 사운드'를 추천한다. 한 달에 15달러(약 17,000원)를 지불하면 다양한 음악을 마음껏 쓸 수 있다. 분위기나 장르별로 쉽게 음악을 고를 수 있다는 것도 장점이다. 회원가입을 하면 30일 동안 무료 체험이 가능하다.

◀ 매달 15달러를 지불하면 에피데믹 사운드의 수많은 노래를 자유롭게 찾고 사용할 수 있다. 무료 음악을 찾아 헤매는 수고로움을 덜 수 있다.

2. 무료 이미지 소스

편집을 하다 보면 다양한 이미지나 아이콘을 영상에 더해야 할 때가 종종 있다. 이미지 역시 무료로 사용할 수 있는 곳이 많다. 다음의 웹사이트를 통해 원하는 이미지를 찾아본다.

❶ 픽사베이(https://pixabay.com)

키워드 검색으로 원하는 사진을 찾을 수 있다. 100,000건 이상의 양질의 이미지를 얻을 수 있다. 한글로도 검색할 수 있지만, 영문 키워드로도 검색해보면 더 정확한 이미지를 찾을 수 있다.

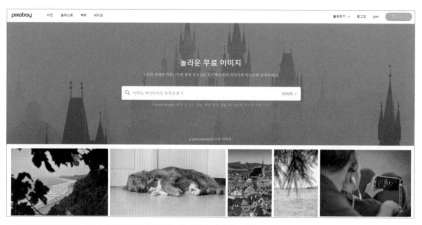

▲ 픽사베이에서 한글, 영문 키워드에 맞춰 필요한 이미지를 검색하고 찾을 수 있다.

❷ 언스플래쉬(https://unsplash.com)

영문 키워드로 원하는 사진을 검색할 수 있다. 좀 더 감각적인 이미지, 아름다운 풍경 사진이 많다. 키워드뿐 아니라 이미지를 주제별로 검색할 수 있다. 찾고자 하는 정확한 이미지가 있다면 픽사베이에서, 주제와 관련한 감각적인 이미지를 찾고 싶다면 언스플래쉬를 이용하면 좋다.

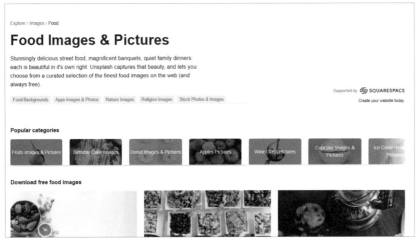

▲ 주제별로 이미지가 제공되어 특정한 분위기나 잘 연출된 이미지를 찾는다면 언스플래쉬가 유용하다.

③ 플래티콘(https://www.flaticon.com)

　3,237,000개의 아이콘 및 벡터 이미지를 보유하고 있다. 벡터 이미지란 원형, 사각형, 곡선, 직선 등으로 구성된 이미지다. 영문으로 키워드를 검색하면 원하는 벡터 이미지를 얻을 수 있다. 해당 이미지의 색깔, 이미지의 형식도 바꿔서 내려받을 수 있다. 유료/무료 이미지가 동시에 있다. 상업용으로 무료로 사용할 시 저작권을 반드시 표기해야 한다.

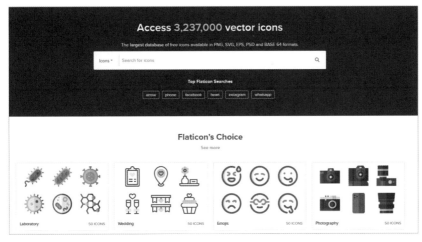

▲ 영상을 꾸미는 데 유용하게 쓸 수 있는 다양한 이미지 아이콘을 구할 수 있다.

내 유튜브 채널 만들기

유튜브 채널은 유튜브 내에 나의 영상을 올리고 모아서 볼 수 있는 영상 홈페이지와 같은 공간이다. 유튜브 채널을 만들기 위해서는 우선 구글 계정이 필요하다. 여기서는 유튜브 채널 만드는 과정을 살펴보자.

유튜브 채널 만들기

유튜브 채널을 만들기 위해서는 구글에 회원가입을 하거나 로그인이 필요하다.

1_ 구글 계정 만들기 : 구글(www.google.com)에 접속하여 회원가입을 한다. 만약 계정이 있다면 로그인한다.

▲ 유튜브 채널을 개설하기 위해 필요한 Google 계정 만들기 화면

2_ 채널 만들기 : 오른쪽 위에 나의 아이콘을 클릭하면 '채널 만들기' 탭이 보인다.

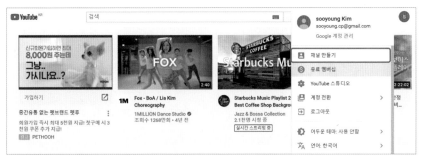

▲ 나의 아이콘을 클릭하면 '채널 만들기' 탭이 나타난다.

3_ 맞춤 이름 선택 : 회원 가입했던 내 이름을 그대로 사용할지, 맞춤 이름을 사용할지 선택할 수 있는 창이 뜬다. 내 이름을 사용하면 나의 유튜브 '개인 계정'을 만드는 것이고, 맞춤 이름을 선택하면 나의 '브랜드 계정'을 만들 수 있다.

▲ 맞춤 이름 사용을 선택하면 내 채널의 이름이나 내 아이디를 자유롭게 바꿀 수 있다. 또 '브랜드 채널'로 여러 개의 채널을 만들 수도 있다.

4_ 채널 이름 만들기

내가 지속해서 올릴 주제나 장르와 연관성을 가진 채널 이름을 만든다. 사람들이 기억하기 쉬운 브랜드 이름을 만들면 좋다. 앞에서 채널 기획서를 만들었다면 아래 내용을 쉽게 채울 수 있다.

▲ 채널 이름은 기억하기 쉽고, 내 영상의 특징을 반영한 이름으로 지어보자. 채널 이름은 나중에 수정할 수 있다.

5_ 프로필 사진 업로드

채널을 생성했다면 프로필 사진에 띄울 사진을 올려보자. 채널에 관한 설명을 넣거나 관련 있는 링크를 첨부할 수도 있다. 지금 해도 되고, 일단 건너뛴 후 나중에 할 수도 있다. 다음에 수정도 가능하니 가볍게 정리하고 넘어간다.

▲ 프로필 사진을 업로드하고 채널을 설명해보자. 채널 설명은 간단하게 적는다.

6_ 채널 생성 : 아직 업로드된 영상도 없고 꾸미지도 않아 허전하지만, 이렇게 나의 유튜브 채널 공간이 만들어졌다. 오른쪽 위에 '채널 맞춤설정'으로 내 채널을 꾸며본다.

▲ '채널 맞춤설정'에서 블로그 스킨처럼 내 채널 상단을 꾸밀 수 있다.

7_ 채널 아트 꾸미기 : 채널의 상단을 꾸미는 것을 '채널 아트'라고 한다. 채널 아트는 스마트폰보다는 컴퓨터를 이용해 규격에 맞춰 만들고, 컴퓨터로 업로드하는 것이 간편하다.

▲ '채널 아트 추가' 버튼을 클릭하여 이미지를 불러오면 바로 검은색 상단 이미지가 바뀐다.

▲ 만들어둔 채널 아트나 이미지가 있다면 여기에서 불러온다.

채널 아트 만들기

유튜브 채널 아트는 유튜브에서 제공하는 가이드라인에 맞춰 제작하면 된다. 모바일, 태블릿, 데스크톱, TV 크기에 맞춰 채널 아트에 알맞은 크기로 나타난다.

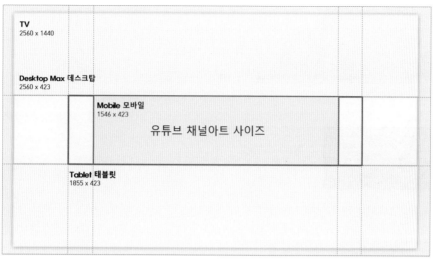

TV
2560 x 1440

Desktop Max 데스크탑
2560 x 423

Mobile 모바일
1546 x 423

유튜브 채널아트 사이즈

Tablet 태블릿
1855 x 423

▲ 채널 아트 이미지 가이드라인에 맞춰 원하는 이미지를 넣어 만들면 된다.

위 채널 아트 가이드라인에 맞춰 아래와 같이 이미지를 넣어 만들었다. 이 채널 아트는 각 기기에 따라 다음과 같이 나타난다.

▲ TV 화면에서 보이는 채널 아트 화면. 가이드라인에 맞추어 이미지를 넣었다.

▲ 이미지를 채널 아트에 업로드하고 컴퓨터에서 확인하면 이렇게 데스크톱 크기로 채널 아트가 나타난다.

▲ 설정한 채널 아트를 스마트폰에서 확인해보면 모바일 크기로 나타난다.

TIP | 채널 아트, 채널 섬네일을 손쉽게 만들고 싶다면?

• **미리캔버스** (https://www.miricanvas.com)

저작권이 없는 디자인 템플릿과 다양한 폰트를 무료로 제공한다. 모든 플랫폼에 무료로 사용할 수 있다. 제공되는 템플릿을 활용해 유튜브 섬네일, 채널 아트 및 다양한 이미지를 간편하게 제작할 수 있다.

• **캔바** (https://www.canva.com)

다양한 디자인 소스를 제공해 유튜브 채널 아트, 섬네일, 포스터와 로고 등을 편리하게 만들고 편집할 수 있다. 수많은 템플릿을 무료로 사용할 수 있으나, 해외사이트라 제공되는 한글 폰트가 한정적이다. 프로 버전으로 유료 가입하면 폰트 추가, 애니메이션, 공동작업 등 많은 기능을 활용할 수 있다.

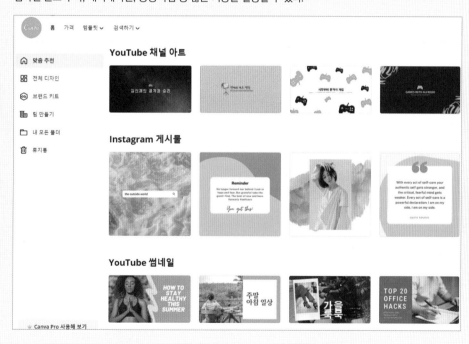

유튜브 채널을 만들었으니 이제 본격적으로 내 영상을 유튜브에 업로드할 차례다. 내 영상을 유튜브에 업로드하는 방법 자체는 쉽지만, 올리고 나서 해야 할 일들이 있다. 구독자가 내 영상을 볼 수 있도록 매력적인 제목과 섬네일을 만들어야 한다. 내 채널에 업로드된 최종본 영상에 혹시 잘못된 부분은 없는지도 다시 한 번 검토해야 한다. 뒤늦게 수정해야 할 부분을 발견할 수도 있다. 영상이 유튜브에 노출되기 전에 검토할 수 있도록 우선 '비공개'로 영상을 업로드한다. 충분히 검토한 후에 '공개' 혹은 '예약'으로 전환해도 늦지 않다.

1. 스마트폰으로 찍은 영상을 유튜브에 올리기

1_ 유튜브 앱을 실행한 후 상단 우측의 카메라 모양 아이콘을 터치하면 동영상을 바로 올릴 수 있다. 이때 먼저 스마트폰 액세스를 허용해주어야 영상을 확인할 수 있다.

◄◄ 유튜브 앱 하단에 더하기(+) 버튼을 터치한다.

◄ 하단에 만들기 팝업 창이 나오면서 '동영상 업로드'와 '실시간 스트리밍 시작'을 선택할 수 있는 옵션이 나타난다. 내 스마트폰에 저장된 영상을 올리려면 동영상 업로드를 터치한다.

2_ 화면에 보이는 갤러리에서 업로드하려는 동영상을 선택한다.

◀ 업로드할 영상을 터치하면, 동영상 업로드를 위한 세부 정보 입력 창으로 넘어간다. 상단에 카메라를 터치하면, 카메라 앱으로 전환되어 바로 촬영한 영상이 편집 없이 업로드된다. 현장에서 벌어지는 매우 급한 상황을 편집 없이 빠르게 올릴 때 이 기능을 활용할 수 있다.

3_ 동영상의 제목을 만들고 설명을 추가한다. 세부 정보 창에서는 동영상 길이를 간단하게 편집하거나 동영상의 공개 여부를 설정할 수 있다. 공개 옵션은 '(즉시)공개'나 '비공개', 링크를 가진 사람만 접속할 수 있는 '일부 공개'나 '예약'으로 제공된다. 영상을 처음 올릴 때는 우선 비공개로 업로드한 후에 공개로 옵션을 바꿀 수 있으니 참고하자. 설정을 다 마쳤다면 오른쪽 위의 '다음'을 터치한다.

◀◀ 세부 정보 항목에서는 동영상의 제목과 추가 설명, 위치 정보를 입력할 수 있다.

◀ 공개 여부 설정을 꼭 확인하고 '다음'으로 이동하자.

4_ 시청자층 선택은 필수 항목이므로 꼭 확인해야 다음 단계로 넘어갈 수 있다. 아동 대상 채널인지 아닌지를 선택한 후 상단의 '업로드' 버튼을 터치한다.

▲ 아동용 콘텐츠를 시청하는 모든 이용자는 아동으로 간주하여 댓글, 실시간 채팅, 재생목록에 저장 등의 기능이 제한된다. 아동 시청자를 대상으로 한 콘텐츠가 아니라면 '아동용이 아닙니다' 항목을 선택하고 업로드한다.

5_ 내 채널에 들어가 보면 동영상이 업로드된 것을 확인할 수 있다.

▲ 앞에서 설정한 제목으로 내 동영상이 업로드됐다.

2. 스마트폰으로 섬네일 바꿔보기

사람들의 구독을 유도하기 위해 섬네일을 바꿔보자. 영상 중에 가장 재미있는 장면을 캡처해도 좋고, 캡처한 사진에 간단한 제목을 써서 섬네일 이미지를 미리 준비해둔다.

1_ 스마트폰으로 섬네일을 바꾸기 위해서는 '유튜브 스튜디오' 앱이 필요하다. 구글 플레이스토어와 애플 앱스토어에서 '유튜브 스튜디오' 앱을 내려받는다.

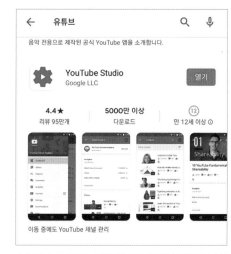

▲ '유튜브 스튜디오'는 유튜브에 올린 영상을 관리하거나 수정할 수 있다.

2_ 유튜브 스튜디오 왼쪽 메뉴 바에서 '대시보드'를 터치하면 내가 올린 영상을 확인할 수 있다. 섬네일을 수정하려면 오른쪽 위의 펜 버튼을 터치한다.

▲ 오른쪽 위에 세 개의 버튼이 있다. 왼쪽의 펜 버튼은 수정, 가운데 버튼은 공유 기능이다. 오른쪽의 유튜브 로고 모양 버튼을 터치하면 유튜브 앱으로 넘어가 영상이 재생된다.

3_ 영상 이미지 위에 있는 펜 버튼을 다시 터치하면 미리 보기 이미지를 수정할 수 있다. 처음 영상 중에 캡처한 이미지를 제공한다. 만약 미리 준비한 이미지를 불러와야 한다면 '맞춤 미리 보기 이미지'를 선택하면 된다.

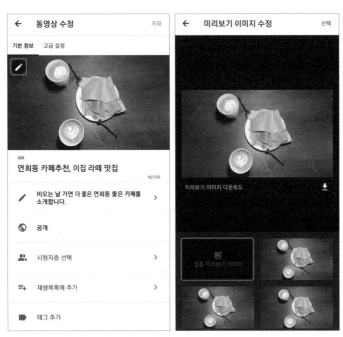

▲ 화면 위의 펜 버튼을 또 한 번 터치하면 미리   ▲ 자동으로 캡처된 미리 보기 이미지를 내려받을 수 있다.
  보기 이미지를 수정할 수 있다.

TIP| 유튜브 스튜디오를 처음 사용한다면, 최초 사용할 때 계정을 확인하는 절차를 거치게 된다. '맞춤 미리 보기 이미지'를 선택하면 아래와 같은 안내 화면이 나오고 첨부된 링크를 터치하면 문자 혹은 전화로 계정 확인 절차를 거치게 된다.

▲ 미리 보기 이미지를 추가하려면 유튜브 계정을 인증해야 한다. 계정 확인 링크를 터치하면 스마트폰으로 계정 인증을 할 수 있다.

4_ '맞춤 미리 보기 이미지'에서 저장한 이미지를 불러와 터치하면 아래와 같이 미리 보기 이미지가 수정된다.

▲ '맞춤 미리 보기 이미지'를 불러와 미리 준비한 섬네일 이미지로 수정했다.

5_ 내 채널에서 섬네일이 수정된 영상을 확인할 수 있다.

▲ 영상의 섬네일이 수정되어 업로드된 모습이다.

6_ 내 영상이 검색될 수 있도록 태그를 삽입하는 것도 잊지 말자. 태그는 앞서 기획단계에서 설명한 '검색 키워드'(35p)를 기반으로 삼아 내 영상과 관련하여 사람들이 많이 검색할 만한 키워드를 입력한다.

▲ 채널 상단 오른쪽의 세로 점을 터치하면 언제든지 수정할 수 있다. 수정 창 하단의 '태그 추가'란에서 태그를 수정하거나 추가할 수 있다. 자주 검색되는 키워드 중에 내 영상과 관련 있는 키워드를 추가한다.

TIP | 키네마스터에서 출력한 영상을 바로 유튜브에 올리기

① 영상을 출력하고 공유 버튼을 터치하면 내 스마트폰에 저장하기 옵션 외에 바로 유튜브로 공유할 수 있는 옵션이 있다.

② 유튜브 아이콘을 선택하면 출력된 영상이 바로 유튜브에 공유된다.

③ 세부정보 추가 페이지에서 제목과 설명을 작성하여 업로드하면 영상이 공유된다.

내 채널 효과적으로 운영하기

크리에이터마다 유튜브 채널을 운영하는 목적은 다양하다. 내 영상을 좋아하는 팬을 만들고 싶어서, 광고로 이익을 얻고 싶어서 혹은 다른 사람들이 내 영상을 어떻게 볼지 궁금해서일 수도 있다. 목적이 무엇이든 내 채널을 나만의 영상 저장소로 남겨둘게 아니라면 다른 사람들이 내 채널에 더 많이 방문할 수 있도록 효과적인 운영 노하우가 필요하다. 유튜브 자체에서 채널을 효과적으로 운영하는 방법을 소개하기도 한다. 채널 운영에는 다양한 노하우가 있지만 초보 크리에이터에게는 다음의 세 가지 방법을 제안한다.

1. 시청을 유도하는 섬네일, 영상 제목을 만든다

시청자는 섬네일과 제목만으로 볼 영상을 선택하게 된다. 내 영상이 누군가에게 추천되었을 때, 호기심에 클릭을 유도할 수 있도록 궁금해할 만한 내용을 제목 혹은 섬네일로 보여줘야 한다. 아래의 유튜브 영상은 섬네일만 봐도 어떤 이야기가 담겨있는지 알 수 있다. 내 영상의 내용과 연관된 흥미로운 키워드, 하이라이트 장면을 섬네일에 담아보자.

▲ (좌) 유튜버 '흔한남매' (우) 유튜버 '허뜝'의 영상 섬네일. 제목만 봐도 무슨 내용일지 궁금해지는 섬네일과 제목으로 클릭을 유도한다.

2. 일관된 주제의 영상을 올린다

우연히 내 영상을 본 시청자는 내 채널에 방문할 것이다. 그때 일관된 주제의 영상이 여러 개 있다면 시청자는 내 채널을 구독하게 될 것이다. 만약 먹방, 리뷰, 영화 등 낯선 사람의 일관된 주제 없는 영상이 올라와 있는 채널이라면 사람들이 과연 구독할까?

인플루언서나 연예인이라면 어떤 영상을 올리든 구독자를 모을 수 있다. 사람들은 '그'를 궁금해하기 때문이다. 인플루언서나 연예인이 아니라면? 일단 특정 주제에 관한 영상을 꾸준히 올려 내가 어떤 주제로 어떤 이야기를 할 수 있는 사람인지 알리자. 그 주제에 관심 있는 낯선 사람들이 나의 채널을 구독할 것이다.

▲ '어류 칼럼니스트'가 운영하는 수산물 이야기. 섬네일만 봐도 수산물에 관해 이야기하는 채널이라는 것을 알 수 있다.

▲ '준스 키친' 채널. 고양이와 음식으로 일관되게 채워진 섬네일을 보면 고양이와 요리에 관해 이야기하는 채널이라는 것을 알 수 있다.

3. 초반 10초가 눈길을 사로잡는다

내 영상에 관심이 있어서 영상을 클릭했는데 15초 안에 긍정적인 인상을 전달하지 못하면 시청자는 바로 영상을 끌 것이다. 도입부가 눈길을 끌지 못한다면, 예고편을 붙이듯 내 영상에서 가장 하이라이트가 되는 부분을 앞부분에 10초 가량의 길이로 편집해서 넣어보자.

글을 쓸 때 결론부터 내고 설명하는 두괄식 방식으로, 시청자가 내 영상을 끝까지 시청할 수 있도록 영상, 혹은 내레이션, 음향으로 흥미를 끌어보자.

유튜브 알고리즘에서 영상 지속시간은 유튜브 알고리즘에 영향을 미친다. 여러 사람이 끝까지 다 본 영상을 유튜브 알고리즘은 좋은 영상이라고 판단한다. 만약 섬네일을 클릭했다가 5초도 지나지 않아 꺼버린 영상은 광고이거나 좋지 않은 영상으로 판단한다. 어떻게 시청을 지속하게 할지 고민해보자.

▲ 유튜버 '취미로 요리하는 남자 Yonam'의 요리 영상. 하이라이트라고 할 수 있는 완성된 음식 이미지를 도입부에서 빠르게 공개한 후에 그 요리 과정을 차례대로 보여준다.

06 유튜브에서 제공하는 다양한 기능 활용하기

유튜브에서는 크리에이터가 채널을 효과적으로 운영할 수 있도록 다양한 기능을 제공한다. 다음에 소개하는 기능 중에는 스마트폰 앱에서 지원하지 않는 기능도 있다. 스마트폰으로 영상을 업로드 한 후에 유튜브 웹을 통해 추가로 작업한다.

1. 예약 기능

정해둔 시간에 유튜브 채널을 공개할 수 있다. 다만 스마트폰에서는 예약 기능을 사용할 수 없으므로, 비공개로 미리 영상을 올려놓고 차후에 웹에서 예약을 설정한다.

▲ 웹에서 유튜브에 접속하여 내 채널 아이콘을 클릭하면 유튜브 스튜디오로 이동할 수 있다.

▲ 공개 상태를 클릭하면 유튜브 스튜디오 앱과는 달리 예약 기능이 보인다.

▲ 영상 공개를 원하는 시간으로 설정할 수 있다.

TIP │ 게시 옵션의 Premieres 동영상이란?

동영상을 시청자와 같은 시간에 함께 시청할 수 있는 기능이다. 공개 보기 페이지가 만들어지고, 동영상 시작 시각까지 카운트다운이 표시된다. 동영상이 공개되면 실시간 채팅창이 활성화되고, 댓글을 통해 시청자와 소통하면서 녹화된 영상을 함께 볼 수 있다.

---

2. 최종 화면과 카드 추가

영상이 끝나기 직전, 다음 영상 시청을 유도하기 위해 최종 화면을 추가한다. 내 채널의 주소나 다른 영상을 노출할 수 있다.

1_ 웹에서 유튜브 스튜디오로 접속한다. 유튜브 스튜디오의 동영상 탭으로 들어간다. 최종 화면을 추가하고 싶은 영상의 섬네일을 클릭하면 수정 페이지로 이동한다.

2_ 동영상 세부 정보를 수정하는 페이지에서 최종 화면과 카드를 추가할 수 있다.

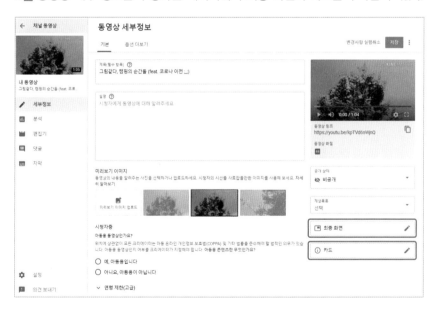

3_ 최종 화면은 영상이 끝나기 직전, 다음 영상 시청을 유도하는 화면이다. 원하는 유형의 최종 화면을 선택한다.

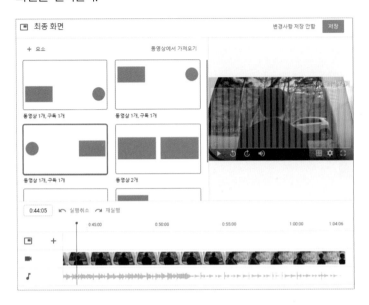

4_ 최종 화면에 넣을 다음 영상을 선택한다. 최종 화면이 나타날 위치와 길이를 설정할 수 있다. 오른쪽 위의 '저장' 버튼을 클릭해서 설정을 마무리한다.

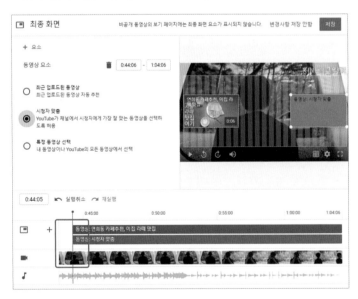

영상에 카드를 넣는 방법도 마찬가지다. 영상 위에 다음 시청을 유도하는 안내 카드를 삽입한다고 생각하면 된다. 카드 안에는 동영상, 재생목록, 채널 등을 홍보할 수 있다. 다음 동영상을 안내하는 카드를 만들어보자.

1_ 카드의 형식을 설정한다. 여기서는 동영상 카드를 만들 예정이다.

2_ 카드에 넣을 동영상을 선택한다. 앞에서 작업한 카페 소개 영상을 클릭한다.

3_ 내가 설정한 동영상이 영상의 상단에 추천 카드로 삽입된다. 카드가 등장하는 시점을 하단 타임라인에서 설정할 수 있다.

3. 재생목록 만들기

내가 올린 영상을 세부적인 주제별로 묶어 재생목록을 만들 수 있다.

1_ 재생목록에 넣을 동영상을 찾는다. 오른쪽의 세로 점을 터치하고 '재생목록에 저장'이라는 탭을 선택한다.

2_ '나중에 볼 동영상' 또는 이전에 만든 재생목록을 선택하거나 '새 재생목록 만들기'를 터치한다.

3_ 재생목록 이름을 입력하고 재생목록의 공개 범위를 설정한다. 설정을 마치면 '만들기' 버튼을 터치한다.

4_ 재생목록이 생성되었다는 알림창이 뜬다. 목록을 바로 확인할 수 있다.

5_ 내 채널의 '재생목록' 탭에서도 '맛집 여행' 재생목록을 확인할 수 있다. 재생목록은 채널 상단 오른쪽의 세로 점을 눌러 공개 혹은 비공개로 변경할 수 있고, 영상을 추가하거나 삭제할 수 있다. 재생목록 자체를 삭제할 수도 있다.

4. 스마트폰으로 실시간 스트리밍 하기

실시간 스트리밍 기능을 통해 스마트폰으로 라이브 방송을 할 수 있다. 처음 스트리밍 서비스를 이용하면 간혹 사용 설정까지 24시간이 걸릴 수 있으니, 미리 사용 설정을 완료해두자. 내 채널의 구독자 수가 1,000명 이상이면 사용 설정 후 곧바로 스트리밍 기능과 게시물 작성을 할 수 있다. 1,000명 미만일 경우 제한된 수의 시청자만 라이브 방송에 참여할 수 있다. 구독자와 실시간으로 소통하는 라이브 방송에 도전해보자.

1_ 유튜브 앱 하단에 더하기(+) 버튼을 터치한다. 하단에 만들기 팝업창이 뜨면 두 번째 '실시간 스트리밍 시작'을 터치한다.

2_ 오른쪽 위의 카메라 모양 아이콘을 터치해, 라이브 방송할 때 전면 카메라를 사용할지 후면 카메라를 사용할지 설정할 수 있다.

3_ 제목을 입력하고 공개 여부를 설정한다. 모든 사람이 검색하고 볼 수 있는 '공개'와 링크를 알고 있는 사람만 볼 수 있는 '일부 공개' 옵션이 있다. 시청자층 설정도 필수적이다. 아동용 콘텐츠가 아니라면 '아동용이 아닙니다' 옵션을 선택한다.

4_ 시간을 정해서 라이브 방송을 하고 싶다면 예약 기능을 설정할 수 있다.

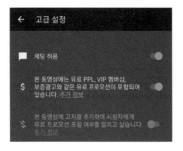

5_ 고급 설정을 터치하면 채팅을 허용할 것인지, 광고 표시를 할 것인지를 설정할 수 있다. 이러한 설정을 마쳐야 맨 아래, 다음으로 넘어갈 수 있는 '다음' 버튼이 파란색으로 활성화된다.

6_ 설정을 마치고 '다음' 버튼을 터치하면 곧바로 3초의 타이머가 나타나고,

7_ 이제 준비가 끝났다. 섬네일 이미지를 촬영한다. 섬네일 이미지를 수정하고 싶으면, 상단의 펜 아이콘을 터치해 다시 찍거나 원하는 이미지를 업로드해 사용할 수 있다. 화면 오른쪽 위의 공유 버튼을 터치하면 스트리밍 되는 영상의 주소도 공유할 수 있다. 아래 '실시간 스트리밍 시작' 버튼을 터치하면 바로 스트리밍된다.

8_ 스트리밍이 시작되면 화면 왼쪽의 채팅창을 보며 구독자들과 소통할 수 있다.

9_ 실시간 스트리밍을 하면서 화면에 바로 필터를 적용할 수도 있다.

10_ 스트리밍을 종료하면 영상 파일이 곧바로 내 유튜브 채널에 업로드된다.

11_ 공개 범위를 수정하거나 저장된 파일을 삭제할 수도 있다.

사진, 영상 장비의 모.든.것

사진빨, 조명빨, 유쾌한생각

\# 스튜디오렌탈

\# 체험존운영

\# 상담후구매

\# 국내A/S

크리에이터? 스마트폰만 있다면 준비 끝!

모두의 방송

복잡한 촬영 셋팅은 NO!

· 하나로 다 되는 ALL IN ONE 패키지 ·

직접 체험해볼 수 있는 곳!

📍 서울특별시 금천구 가산디지털 1로 16
가산 2차 SKV1 AP 타워 10층 유쾌한생각

홈페이지 : www.plthink.com
대표전화 : 02. 837. 6050
팩스 : 02. 837. 6150

스튜디오 장비의 모든 것

유쾌한생각
PLTHINK

스마트폰으로 시작하는 유튜브

2020. 12. 8. 초 판 1쇄 발행
2024. 8. 14. 초 판 4쇄 발행

지은이 | 김수영
펴낸이 | 이종춘
펴낸곳 | BM (주)도서출판 성안당

주소 | 04032 서울시 마포구 양화로 127 첨단빌딩 3층(출판기획 R&D 센터)
10881 경기도 파주시 문발로 112 파주 출판 문화도시(제작 및 물류)

전화 | 02) 3142-0036
031) 950-6300

팩스 | 031) 955-0510
등록 | 1973. 2. 1. 제406-2005-000046호
출판사 홈페이지 | www.cyber.co.kr
ISBN | 978-89-315-5688-9 (13000)
정가 | 23,000원

이 책을 만든 사람들
책임 | 최옥현
기획 | 아홉번째 서재
진행 | 김해영, 아홉번째 서재
교정·교열 | 김해영, 아홉번째 서재
본문·표지 디자인 | 아홉번째 서재
홍보 | 김계향, 임진성, 김주승, 최정민
국제부 | 이선민, 조혜란
마케팅 | 구본철, 차정욱, 오영일, 나진호, 강호묵
마케팅 지원 | 장상범
제작 | 김유석

■ **도서 A/S 안내**

성안당에서 발행하는 모든 도서는 저자와 출판사, 그리고 독자가 함께 만들어 나갑니다.
좋은 책을 펴내기 위해 많은 노력을 기울이고 있습니다. 혹시라도 내용상의 오류나 오탈자 등이 발견되면 **"좋은 책은 나라의 보배"**로서 우리 모두가 함께 만들어 간다는 마음으로 연락주시기 바랍니다. 수정 보완하여 더 나은 책이 되도록 최선을 다하겠습니다.
성안당은 늘 독자 여러분들의 소중한 의견을 기다리고 있습니다. 좋은 의견을 보내주시는 분께는 성안당 쇼핑몰의 포인트(3,000포인트)를 적립해 드립니다.

잘못 만들어진 책이나 부록 등이 파손된 경우에는 교환해 드립니다.